Political Attitudes, Local Elections
and Municipals Mergers in Japan

市町村合併をめぐる政治意識と地方選挙

河村　和徳著

木鐸社

まえがき

　2009年1月から4月は，全国各地で首長選が毎週のように行われ，さながら「ミニ統一地方選挙」の様相を呈した。合併特例法執行に伴う駆け込み合併で行われた設置選挙から4年経ち，改選期を迎えたからである。同年8月に行われた衆議院選挙の前哨戦とみる報道もあったが，合併評価としての色彩の方がむしろ濃かったように思われる。

　筆者がそのように考える理由の1つは，自民党有力議員のお膝元でも候補者調整がつかず，保守分裂選挙が各地でみられたからである。自民党の有力議員のお膝元であっても調整がつかないという背景には，合併への不満があった。たとえば，2009年2月1日投票の能美市長選挙（森喜朗元首相の地盤）や，2009年4月19日投票の青森市長選挙（津島雄二自民党津島派会長の地盤）などは，その象徴的事例とみなすことができるだろう[1]。

　合併自治体で現職市長が数多く落選したことも，この時期に行われた首長選挙が合併評価の色彩が濃かったと判断できる根拠となる。朝日新聞の調査によると[2]，2009年1月から4月までに実施された市長選挙のうち，現職が立候補して落選した比率は，合併市の方が非合併市よりもかなり高い（表1）。合併市では現職が立候補して落選した比率が32%だったのに対し，非合併市では11%にすぎなかったのである。通常，現職候補が新人候補に比べ選挙戦

表1　2009年1月～4月にかけて現職が立候補した市長選挙の結果

	無投票	当選	落選
合併市74（100%）	26（35%）	24（32%）	24（32%）
非合併市19（100%）	7（37%）	10（53%）	2（11%）

データ出所：『朝日新聞』2009年4月28日より筆者作成

（1）　ただし，2009年の青森市長選挙は多選・高齢批判という側面もあった。
（2）　『朝日新聞』2009年4月28日。

で有利であることは，よく知られている（Bernhardt and Ingbernman, 1985）。合併自治体の現職候補の落選率の高さは，彼らの業績評価に合併後の有権者の不満が反映されていることを示しているといってよいだろう[3]。

こうしてみると，「平成の大合併」後の首長選挙を分析するにあたっては，合併の過程を分析する必要があることに気づく。現在起こっている地方政治は合併のアウトカムであり，現在を理解するためには，合併という過去の出来事を理解する必要がある。合併をめぐる意思決定過程が合併の成否を決め，合併の成否の記憶が合併後の首長選挙の構図を決める，そうした連続性があるのである。

本書の位置づけは，「平成の大合併」後の地方政治を考えるための準備である。これまでの合併に関する研究は，「合併」という事象にのみ着目したものが多かった。しかし，地方政治の連続性を考慮すると，ポスト「平成の大合併」における政治現象は，合併のアウトカムとみなすことができる。本書は，「平成の大合併」後の地方政治を考える際の仮説を導き出す探索型の研究であり，本書のような試みも必要であろう。

なお，本書は9つの章から成り立っている。各章は，概ね次の通りである。

第1章では，市町村合併をゲーム論的にみた場合，どのようにとらえることができるのかを検討する。市町村合併を分析するにあたって，交付税の合併算定替えや合併特例債の利用など制度的なメリット・デメリット論に我々の目は奪われがちになる。しかしながら，制度的なメリット・デメリット論ばかりに焦点を絞ると，「平成の大合併」において財政的に裕福な自治体も合併していた事実を見落とすことになる。本章では，市町村合併を広域行政の

---

(3) 「合併に対する不満によって首長選挙が展開されたとしても，だからと言って，首長選が無投票となった自治体では合併に対する不満はなかった」とは断定できない。この点には留意する必要がある。合併自治体では，旧市町村の垣根を越えて幅広く支持を得られる候補者を擁立することは難しくなっており，住民の中に不満があっても適当な候補者が見あたらない場合，無投票になる可能性は高いからである。また，合併後の首長の座は「針の筵」である。首長になれば必ず批判の矢面に立たされる自治体では立候補者が現れにくく，無投票になりやすい。有権者の多くが合併後の自治体運営に不満を持っていても，その不満をまとめる者がいなければ，合併評価の首長選挙であっても無投票の状況になる可能性は高いのである。

繰り返しゲームの一環としてとらえ，広域行政が市町村合併に果たした役割は大きく，市町村合併を分析するにあたっては，広域行政の枠組みがない中で合併交渉が行われた「足し算型合併交渉」と，広域行政の枠組みのもとで交渉が行われた「引き算型合併交渉」のどちらであったかを理解し，制度的なアプローチの限界を克服できる点が重要である，と指摘する。

第2章は，全国の合併自治体のアグリゲート・データを用い，合併方式と新自治体名という合併交渉で重要な案件が何によって規定されていたのかを分析する。この2つの案件は，基本的に合併協議の過程で先送りできないものであり，合併協議の成否にも大きく影響した。第2章では，合併交渉で主導的な立場を担うと目される自治体の人口規模や財政環境に加え，都道府県が提示した合併モデル案の提示や合併特例法の失効という時間的な要因がこれらのアウトプットに与えた影響を考察する。また，「平成の大合併」では，人口規模が大きく財政力が豊かであっても，新設合併という「譲歩」を選択した自治体が幾つもあった。それらの自治体は，なぜそうした選択をしたのか。その背景についても検討する。

第3章は，「足し算型合併交渉」と「引き算型合併交渉」が複合した事例として，石川県白山市の合併過程を具体例として採りあげ，ケース・スタディを行う。白山市の合併過程では，政令指定都市化を志向する金沢市が合併交渉を財政の厳しい白山麓5村に持ちかけたことが，白山麓5村と広域行政を行っている松任市の危機感を惹起し，それが松任市の合併条件の譲歩につながった。白山市の合併過程から，広域行政の枠組み維持も合併する条件の1つであり，対抗する自治体が近隣に存在することが合併条件というアウトプットに強く影響を及ぼしていることがうかがえる。

「平成の大合併」では，首長と議会それぞれが「住民の意向・民意を示しているのは自分である」と主張し，合併交渉がまとまらず膠着状態に陥った自治体が数多くみられた。そして，両者の考えが食い違った結果，意思決定が困難になったところは少なくなかった。第4章では，自治体内での合併に対する賛否が割れる背景について考える。

第5章では，住民投票に焦点をあてる。市町村合併に対する民意を確認する手段として多くの自治体で使われた住民投票であるが，かえって住民投票の実施が混乱を招いた事例も幾つか見受けられたし，合併交渉を破談に持ち

込む乾坤一擲の策として住民投票が用いられた事例もあった。第5章では，そうした事例を分析しながら，市町村合併で住民投票を行うにあたっての制度的課題について吟味する。

第6章では，市町村合併のアウトカムとして位置づけられる，初代市長選挙の構図について分析を行う。新設合併が選択された場合，自治体の長を決める設置選挙が必ず行われる。この設置選挙は，合併交渉での不平・不満が争点として噴出しやすく，旧自治体間の駆け引きや関係する都道府県議の思惑も絡んで，非常に激しい選挙戦が繰り広げられる可能性が大きい。ただ，その一方で，長期的な混乱の回避の視点から，事前に候補者調整が行われる場合もある。第6章では，設置選挙として行われた初代市長選挙について，アグリゲート・データを用いて分析を行い，その傾向性について考察を加える。

第7章及び第8章は，市町村合併と地方議員の定数の関係性について検討を行う。第7章では，地域ごとに代表が選ばれるという「地区割り」仮説に注目し，合併の遺産である地区の多少が条例定数に与えている影響について，「平成の大合併」前のデータを用いて分析を行う。あわせて，地域の代表が再生産される意識構造についても検討を行う。第8章では，いわゆる「マンモス議会」の発生について言及した後，合併自治体と非合併自治体の間に見られる条例定数の差について考察し，ポスト合併時代の市町村議員のあり方について考察する。

第9章は，市町村合併の評価について，地方議員に対して行ったサーヴェイと住民に対して行ったサーヴェイを対比させながら，合併を評価するにあたっての難しさについて検討する。合併自治体の職員の中には，「合併でよくなった点はなかなか評価されず，悪い点ばかりが『合併のせいで悪くなった』と批判される」と嘆く者が少なくない。しかし，第9章の結果は，合併に消極的ではあるが一定の理解を示している住民は少なくなく，住民に対して実際に調査をしてみる価値があることをうかがわせる結果となっている。

* * *

謝辞

　本書の執筆にあたっては，様々な方々から資料提供などのご協力をいただいた。中日新聞北陸本社や河北新報社など，マスメディアの関係者からは世論調査の共同実施のチャンスをいただいた。石川県白山市をはじめ，各自治体関係者からは，合併の経緯をめぐる資料の提供を受けるとともに，ヒアリング対象者を紹介していただいた。また合併協議会に参加した多くの方々，世論調査に回答していただいた多くの方々のご意見は，本書の執筆にとって大きなプラスとなった。これらのご協力に対し，記して感謝申し上げたい。

　また，本書の執筆にあたっては，研究助成として，2002年度金沢大学特別研究プロジェクト経費若手教官の萌芽的研究「分権時代における地方政党組織および地方議員の役割に関する研究（研究代表者：河村和徳）」，2006－07年度科学研究費補助金若手研究（B）「地方政治における環境変化と政治・行政情報の伝達過程の関連性に関する実証分析（研究代表者：河村和徳）」，宮城県受託研究「市町村の広域行政に係る調査研究（受託研究者：河村和徳，2010年度）」を受けていることをここに明記しておく。

《目 次》

まえがき ……………………………………………………………… 3

第1章　交渉参加・合併枠組みと市町村合併 ………………15
Ⅰ　はじめに……………………………………………………………15
Ⅱ　合併交渉に参加する合理性 ………………………………………16
　1　市町村合併のゲーム論的アプローチ　（17）
　2　大規模自治体が見いだした合併の意義　（22）
　3　国・都道府県に対する依存の意味　（24）
Ⅲ　最適人口規模と市町村合併 ………………………………………26
　1　最適人口規模の議論　（26）
　2　合併が最適人口規模にならない理由　（27）
Ⅳ　まとめに代えて……………………………………………………29

第2章　合併事例の計量分析 …………………………………31
　　　　－中心自治体の「譲歩」という視点から
Ⅰ　はじめに……………………………………………………………31
Ⅱ　仮説：「譲歩」という視点から考えられる諸仮説 ………………35
　1　人口要因　（35）
　2　財政要因　（36）
　3　交渉コスト要因　（37）
　4　時限法要因　（39）
　5　その他の要因　（39）
Ⅲ　分析 …………………………………………………………………40
Ⅳ　再分析………………………………………………………………44
　1　合併形態と新自治体名の合併条件との関係　（44）
　2　実際の結果と予測カテゴリーが違う事例の分析　（47）
Ⅴ　まとめ………………………………………………………………52

第3章　市町村合併の事例分析 …………………………………57
　　　　　－中心自治体の条件提示に注目して
Ⅰ　はじめに……………………………………………………………57
Ⅱ　「足し算型合併交渉」と「引き算型合併交渉」が複合する可能性 ……57
Ⅲ　事例分析：白山市の事例 ………………………………………59
　1　合併の背景　(59)
　2　合併の背景：金沢市が置かれていた状況　(61)
　3　合併の背景：白山麓1町5村が置かれていた状況　(64)
　4　松任市の態度変化と1市2町5村の合併枠組みの形成　(66)
　5　新市名称が「白山市」となる過程　(69)
Ⅳ　議論 ………………………………………………………………71
Ⅴ　今後の検討課題……………………………………………………74

第4章　民意が食い違うことになる背景と
　　　　　「合併」という争点の特徴 ……………………………77
Ⅰ　はじめに……………………………………………………………77
Ⅱ　民意が食い違うことになる背景 ………………………………78
　1　二元代表制　(78)
　2　選挙制度を起因とする首長と議会多数派の対立　(80)
　3　選挙期日のずれを起因とする首長と議会多数派の対立　(81)
　4　有権者の投票基準の違いを起因とする首長と議会多数派の対立　(83)
Ⅲ　「市町村合併」という争点がもつ特殊性 ……………………84

第5章　「平成の大合併」でみられた住民投票と
　　　　　その制度的課題 ………………………………………87
Ⅰ　はじめに……………………………………………………………87
Ⅱ　住民投票実施の意義………………………………………………88
Ⅲ　事例の検討…………………………………………………………90
　1　石川県羽咋郡市における事例　(90)

2　広島県安芸郡府中町の事例　(93)
　　3　解散した法定協議会にみられる住民投票の役割　(95)
Ⅳ　議論 ……………………………………………………………101
Ⅴ　忘れられている「民主主義のコスト」をめぐる議論 …………105

第6章　初代首長選挙の対立構図 …………………………107
　　　　－アグリゲート・データの分析

Ⅰ　はじめに ………………………………………………………107
Ⅱ　初代市長選挙の候補者・当選者 ……………………………109
Ⅲ　初代市長選挙の投票率と対立構図 …………………………113
Ⅳ　考察 ……………………………………………………………116

第7章　議員定数と「地区割り」仮説 ……………………121
　　　　－「合併」との関連性に注目して

Ⅰ　はじめに ………………………………………………………121
Ⅱ　議員定数の規定要因の確認：人口と財政環境 ……………122
Ⅲ　仮説 ……………………………………………………………126
Ⅳ　分析 ……………………………………………………………127
Ⅴ　議論：地域代表意識との関連性 ……………………………129
Ⅵ　まとめ …………………………………………………………132

第8章　「平成の大合併」後の議員定数 …………………135
　　　　－合併の影響の測定と地方議会が抱える課題

Ⅰ　はじめに ………………………………………………………135
Ⅱ　計量分析：市町村合併と議員定数の関係 …………………137
　　1　仮説とデータ　(137)
　　2　回帰分析の結果　(138)
　　3　「地区割り」が進む機会としての「合併」　(140)

Ⅲ　議論：議員定数と議会改革の関連性 ……………………………143
　Ⅳ　まとめ …………………………………………………………148

第9章　合併評価の考察 ……………………………………………151
　　　　－地方議員と住民の2つのサーヴェイから
　Ⅰ　はじめに ………………………………………………………151
　Ⅱ　データ …………………………………………………………153
　Ⅲ　探索的分析：合併に対する議員・住民の評価 ………………154
　　1　住民の評価　（154）
　　2　地方議員の評価　（157）
　Ⅳ　まとめ …………………………………………………………160

おわりに ………………………………………………………………163
　今後の研究課題　（163）
　地方自治体が抱える課題　（165）

引用・参考文献 ………………………………………………………169
あとがき ………………………………………………………………174
アブストラクト ………………………………………………………177
索引 ……………………………………………………………………179

市町村合併をめぐる
政治意識と地方選挙

第1章

交渉参加・合併枠組みと市町村合併

I　はじめに

　「昭和の大合併」を分析した小西（2000）によると，当時，比較的スムーズに市町村合併が進んだ地域には，次のような特徴があったという。

　①歴史，自然的，地理的条件等から合併が進めやすい地域であった
　②関係市町村が同一の日常社会生活圏を形成していた
　③住民間に相互交流の実態があった
　④広域行政の積み重ね等により，合併機運の醸成が図られていた
　⑤住民感情の中にも，同一の都市圏や広域生活圏としての一体感や連帯感があった

　しかし，いくらこうした条件が整っていたとしても，市町村合併することは容易ではない。市町村合併は基本的に後戻りできない意思決定過程であり，かつアクターによってインセンティヴが大きく異なるからである。
　観念的にいえば，地方自治体は，そこの住民が一体感を共有でき，地域自らの財源でその地域を運営できる存在でなければならない。しかしながら，産業構造が変化し，自治体境を越えての通勤・通学が日常化している現在では，地方政治家や住民の全てが同じ感覚で合併論議に参加することは難しい。特定の住民にとってメリットはあっても，それ以外の者から見ればデメリットという場合も少なくない。

合併の破談をメリット・デメリット論に求めることは容易ではあるが、そればかりに終始するのは問題である。それだけでは、合併における意思決定過程を検討する際、十分とはいえないだろう。

本章では、市町村合併の交渉を、交渉参加の合理性や枠組み形成の合理性から議論し、これまでの先行研究では焦点があまり当てられてこなかった部分について、論じたい。

II 合併交渉に参加する合理性

ランダム効用理論に従えば、ある市町村が合併によって受ける便益Uは次式で示すことができる（広田、2007：76）。

$$U_{ij} = V_{ij} + \varepsilon_{ij}$$

U_{ij}は市町村iが行動jを選択した際の効用であり、V_{ij}は観察者にとって分析可能な代表的な効用、そしてε_{ij}が観察不可能な誤差項である。市町村iが行動jを選ぶ必要十分条件は、

$$U_{ij} > U_{ik} \quad j \neq k$$

であり、「昭和の大合併」以降「平成の大合併」直前まで、ほとんど市町村合併が進まなかったのだから、通常は、合併を選択する場合の効用U_{i1}と合併を選択しない場合の効用U_{i2}の間には、

$$U_{i1} < U_{i2}$$

の関係が成り立っているといえる。一般のメリット・デメリット論は、当該自治体の置かれている環境や国などが提示する合併推進策等によってこの不等号の向きが変わるということを、記述的に説明しているのである。

本章では、市町村合併に参加するロジックと枠組み形成について、ゲーム論的なアプローチを交えながら検討したい。

1 市町村合併のゲーム論的アプローチ

市町村合併をゲーム論的に考える際，参考になるのが，企業合併を分析した先行研究である。たとえば，清水（2001）などがこれに該当しよう。企業合併と市町村合併では，

①市町村は地域独占の存在であり，企業のような競争に晒されていない，
②市町村合併は空間的な制約等から，交渉先（提携先）が限定される，

等の違いはあるが（今井，2003；宮崎，2006），参考になる部分は多い。ここでは，清水の議論を参考にしながら話を進めていく。

清水は，企業合併における目的の多くが，互いの技術情報の交換やスケール・メリットの獲得に伴うコスト削減であると指摘する。この際，2社が協力して技術交換やコスト削減を実現するためには，業務提携ではなく合併が必要であることを繰り返しゲームのモデルによって説明した。

それでは，市町村合併のモデルについて考えてみよう。清水の議論では，企業が採る戦略は「技術供与・コスト削減を行うか否か」であり，合併を行うことで繰り返しが生じると考えた。いいかえれば，清水の議論は，旧企業（新しい企業の派閥ともいいかえられるだろう）の合併後の行動をゲームとしてみていることになる。しかし，本章は，市町村合併する過程を対象とするため，清水のモデルをそのまま受け入れることはできない。そこで本章では，「合併を行うか否か」の意思決定を自治体の戦略とし，ゲームが繰り返されるかは「広域行政の有無」によって生じると考え，議論を進めていく。

合併協議に参加する地方自治体を2自治体とし，両自治体の合併戦略を「強気（B）」「譲歩（C）」「協議からの離脱（O）」とするゲームを考える。そして，自治体iの利得は表1－1であるとする。

ここで，次の仮定を置く。

表1－1 合併交渉の利得表

		交渉相手の戦略		
		強気（B）	譲歩（C）	協議からの離脱（O）
自分iの戦略	強気（B）	R_i	S_i	I_i
	譲歩（C）	T_i	U_i	I_i
	協議からの離脱（O）	I_i	I_i	I_i

仮定1：任意の自治体iの選好の順序は，$S_i > U_i > T_i$である
仮定2：ただし，合併不成立時の利得I_iは自治体ごとに大きく異なる

　一般的に，市町村合併では相手の自治体を吸収する「編入合併」が望ましく，続いて「新設合併」となる。そして「被編入合併」は最も望ましくない選択肢と考えられる。強気に出て相手が譲歩すればよいが，自らが最初から譲歩の意思を示し相手が強気だと望ましい結果が得られない。財政力があり，他の自治体と広域行政を行っていない都市にとってみれば，合併協議会から離脱しても大きな影響はない。他方，小さな自治体にとってみても，被編入合併よりも新設合併が，新設合併よりも編入合併が望ましいことに変わりはない。しかし，合併交渉が破談になり自立の道を迫られる場合，その損失は極めて大きくなる。

　そのため，$S_i > U_i > T_i$の順序は変化しないが，合併を行わない場合の利得I_iは，各自治体の個別事情（財政力等）に依存することを仮定する。一般に，小規模自治体は合併を成立させた方が利得は大きいと考えられるため，$T_i > I_i$になりやすく，財政的に裕福で広域行政を行っていない都市型自治体の場合では，$I_i > S_i$という状況も起こりうる。

　更に，3番目の仮定として，

仮定3：両者が強気でも希に合併が成立する

を置く。この仮定は，利得$R_i = p U_i + (1-p) I_i$が成り立つと考えるものであり，確率pで新設合併し（U_i），確率$1-p$で破談する（I_i）ことを示す。ただし，確率pは極めて小さいとする。

　これらの仮定から考えうるゲームのパターンを表示したものが，表1-2である。それぞれの状況をみていくことにしよう。まず表1-2中，「0」は，合併協議会が不成立・解散となるゲームである。協議から離脱する選択肢が最大の利得になるのであれば，もう一方が交渉を望んでいても協議は行われないし，進展する見込みはない。

　大規模自治体をα，零細自治体βと置いた場合，「1」にあたるゲームは，

表1-2 考え得る組み合わせとゲームの結果

		自治体β				
		$I>S$	$S>I>U$	$U>I>T$	$T>I$ $(R>T)$	$T>I$ $(T>R)$
自治体α	$I>S$	0	0	0	0	0
	$S>I>U$	0	0	3	3	1
	$U>I>T$	0	3	4	4	1
	$T>I$ $(R>T)$	0	3	4	4	1
	$T>I$ $(T>R)$	0	1	1	1	2

0：協議会不成立・解散
1：スムーズに合併となる可能性
2：チキン・ゲームになる（CG）
3：編入合併が基本となるが難航しやすい
4：囚人のディレンマ（PD）状況が発生

αは編入合併ならば呑めるがそれ以外なら離脱しようと考え，βは合併不成立だけは避けたいと考えている状況を思い浮かべればよい。ここでのαの利得は$S_α>I_α$，βの利得は$T_β>R_β>I_β$である。この場合のナッシュ均衡は，$(S_α,T_β)$である。これは，αが合併に意義を見いだしているが，βに譲歩してまで合併する必要はないということであり，合併の意義をαが見いだせれば，βがたとえ「お荷物」のようにみえたとしても，合併が選択されることになる。

ただし，αが何に合併の意義を見いだしているかは，それぞれの自治体で異なるだろう。合併特例債といった短期的なメリットに合併の意義を見いだす場合もあるだろうし，都市のランク・アップや通勤圏の整備といった長期的なまちづくりに意義を見いだす場合もある。そればかりではない。合併の意義を消去法的に見いだしている可能性もあろう。αとβが既に広域行政を行っており，「βが将来破綻するかもしれないので，その影響を回避したい」という思惑でαが合併を希望する場合も，現実的にはありうるからである。更に，αが合併に寛容である一方，βの財政等が非常に厳しいため（$R_β$が極めて小さく）強気な交渉が事実上封じられているという事例も，ここに当てはまるだろう。なお，大規模自治体が見いだした合併の意義については，後ほど詳述する。

「2」は，不満があっても，双方が合併から離脱できないゲーム（もしくは，「合併の破談だけは回避したい」と双方が考えているゲーム）とみることができる。すなわち，チキン・ゲームである。この場合のナッシュ均衡は，

(S_α, T_β) ないしは (T_α, S_β) である。チキン・ゲームは複数の均衡を持つため，ここで用いている古典的なゲーム理論では「最終的にどちらか一方が譲歩する」ということ以上の命題は主張できない。ただし，「2」のゲームが想定する状況を考えれば，どちらかが折れるまで条件闘争が行われ，交渉の期間は長期化することが予想される。なぜなら，「2」では α と β の間で人口や財政力等で優劣がほとんどなく，かつ財政状況が双方とも厳しい状況も考えられるからである。その場合，先に譲歩したという理由のみによって，不利な条件に甘んじなければならないことになる。

「3」は，一方が $R > T$，もう一方が $I > R$ という利得状況になっているゲームである。(C_α, B_β) ないしは (B_α, C_β) の方がパレート効率的であるが，サブゲーム完全ナッシュ均衡は，一方が強気に出ることで，もう一方が交渉から離脱する (0_α, B_β) ないしは (B_α, 0_β) となるのが，このゲームの特徴である。「3」は，大規模自治体 α が都市のランク・アップを望んでおり，かつ周辺自治体 β と合併しないとランク・アップが果たせない事例と整合的である。「1」のゲームと異なるのは，β はよりよい条件で合併できる可能性があるため，α に対して強気に出る可能性があるという点である。このゲームでは，α としてみれば合併したいとは思っているが，β の強気な態度を受け入れてまで交渉しようとは思っておらず，合併交渉の成否は β の対応が焦点となる。

「4」は，α と β 双方が $S > U > R > I$ であり，囚人のディレンマ・ゲームにあるといえる。すなわち，α と β 双方が，「合併はしたいが，自分たちがより有利な条件で合併したい」と考えている状態である。この場合のナッシュ均衡は，双方が強気の姿勢を採る (B_α, B_β) である。この場合，基本的に p の値は極めて小さいので，交渉はほぼ破談する。なお，交渉が囚人のディレンマ・ゲームに陥っている「4」は，両者がより有利な条件をめぐって交渉の駆け引きが長期化する事例と整合的である。表中「4」のような利得構造だと，合併交渉が長期化し合意形成が難しいのである。合併交渉が長期化する点は「2」と同様だが，「2」の場合は最終的にどちらかが譲歩する点が異なる。

以上から，1回限りの交渉下では「1」「2」では合併が成立すると考えられるが，「0」「3」「4」では合併が破談，もしくは限りなく破談する確率が

高くなるという結論を導き出すことができる。

　ただし，留意しなければならない点がある。「合併交渉を1回限りとする前提を置くことが妥当であるか」という点である。広域行政を行っていない自治体間での交渉では，交渉は一度きりという前提を置くことは妥当であろう。しかしながら，多くの市町村は広域行政を行っており，合併交渉を断ったとしても広域行政は継続されるのが一般的である。このことは重要である。なぜなら，合併交渉を断ることで，広域行政という場での不利益としてかえってくる可能性があるからである。更に前述したように，市町村合併は空間的制約に依存するため[1]，合併が破談したとしても，次の合併交渉相手がまた同じ相手となる可能性は極めて高い。広域行政を行っている市町村同士の合併交渉は，広域行政に伴う未来利得を考慮する必要があり，こうして考えると，広域行政を行っている場合の合併交渉は，繰り返しゲームとみなすべきであろう。

　合併交渉を繰り返しゲームと置くことができるのであれば，「3」「4」のゲームの結果は変わってくる。繰り返しがあるという前提の下で考えると，利得表中「3」に該当するゲームでは，周辺自治体 β は「強気（B）」という選択肢を採ることが難しい。強気に出て交渉が破談した際，将来の広域行政の場で α からしっぺ返しを受ける可能性があるからである。すなわち，繰り返しであるが故に交渉が破談する確率は低下することになる。「4」の囚人のディレンマ・ゲームの場合でも，繰り返しであるが故に，交渉が破談する確率は低下する。繰り返し囚人のディレンマ・ゲームでは，相互にトリガー戦略が採用され（C, C）が実現される可能性があるからである。広域行政の状態よりも，合併した方が多くの利得を得られる環境が整えば（ないしは，広域行政の方が多くの損失となると判断されれば），双方の譲歩が導かれ，合併が選択されるのである。

　以上から，合併交渉の成否はメリット・デメリットだけで規定されるわけ

（1）　こうした点を考慮して分析を行ったものとして，鈴木（2005）がある。鈴木は，代表的な投票指数である Shapley-Shubik 指数と Banzaf 指数を用い，さいたま市の事例で検討を行っている。ただし，鈴木の検討は，合併先を規定するモデルを提示するというよりは，投票力指数の妥当性に重点が置かれているように見受けられる。

ではなく，利得構造によって異なるし，広域行政といった「事前交渉の枠組み」ないしは「合併破談後の関係継続」の有無によって合併の成否にも違いが発生するということが導き出される。別のいい方をすれば，広域行政の形成から既に合併交渉は始まっている可能性があり，合併の成否はそれ以前の広域行政の延長線上にある，ということになる[2]。

2　大規模自治体が見いだした合併の意義

「自主的合併」をうたってしまうと，政令指定都市や中核市，県庁所在地などのように人口が多い都市や，自主財源が豊かな市町村が合併に参加する可能性は極めて低くなる。合併特例によって短期的な財政メリットを見せつけられても，合併することによって発生する期待損失を確実に上回る保証にはならないし，合併で得られる「効率性」よりも合併に伴い発生する「コスト」の方が高くつくことを，過去の合併の経験から十分知っているからである。すなわち，自主的合併をうたってしまっている以上，そうした自治体の $I>S$ の利得関係は変化しないのである。

しかしながら「平成の大合併」をふりかえると，都市部の自治体や財政的に余裕のある自治体であっても，合併協議のテーブルに参加したところもあることに気づく。これらの自治体は，何に合併の意義を見いだしたのであろう。各地の事例を整理すると，概ね次の３つが，合併の意義として見いだされたようである。

・都市のランク・アップ
・通勤圏・通学圏の一体的整備と商圏の画定
・中長期的な視点から見た広域行政の破綻回避

都市（自治体）のランク・アップが合併の意義に結びつくのは，基礎的自治体として市町村は法的に対等であるが，多くの日本人の意識の中に，「政令

（2）　広域行政を始めることで合併枠組みを形成し，時間をかけて合意を取りつける手法は，「平成の大合併」に先駆けて合併した新潟市と西蒲原郡黒埼町の事例にみることができる。http://www.city.niigata.jp/info/kikaku/gappei/gappei/frame2/index.htm（2010年5月6日訪問）

指定都市-中核市-特例市-一般市-町-村」というランクが厳然と存在しているからである。そして，「市≒都会・中心地，町村（郡部）≒鄙びた地域・周辺部」という意識も共有されている。「市≒中心地」「町村（郡部）≒周辺部」という構図は，「昭和の大合併」の市制条件の緩和によって大量の市ができることによって失われ，「市≒都市的生活ができる地域」「町村≒都市的生活ができない地域」という構図も既に失われている。今日では，町村に居住していても都市的なライフスタイルは享受できるし，市制を施行しているところであっても中心市街地が閑散としているところは少なくない。しかし，こうしたランクづけがあることで，「市になれる」「市のランクがあがる」「権限が増える」ということが，合併協議に参加する誘因になるのである。とりわけ，昇格条件にあと少しで手が届くというところほど強い誘因になる[3]。

通勤圏・通学圏の一体的な整備と商圏の画定が合併の意義に結びつくのは，モータリゼーションの発達により，自治体を越えて通勤する「職住不一致」の住民が増加し，行政空間の広域化に効率性が見いだされるようになったからである。とりわけ，郊外の「ベッドタウン」と呼ばれる自治体の住民の中には，税は住民票のある自治体で支払い，勤務時間中は企業のある別の自治体で行政サービスを受ける者も少なくない。その結果，地域経済の中心に位置づけられる自治体は，昼間増える人口分の行政サービスのコストも負担せざるをえなくなっている。これが合併を進める意義に結びつくのである。

中長期的な視点からみた広域行政の破綻回避も，合併の意義に結びつくと考えられる。とりわけ，夕張市の財政破綻という事実が，零細町村と一部事務処理組合を構成し広域行政を実施している都市的自治体の合併交渉参加を促したと考えられる。広域行政圏の中心的な役割を果たしている都市的自治体にとってみれば，周辺自治体の財政破綻は広域行政を経由して自らに負の影響を及ぼす可能性がある。市町村の合併交渉は，原則，合併交渉先が制約されているし，破綻すれば近隣にある都市型自治体に人口が流入するのは目に見えているからである。すなわち，財政的な余力がある都市自治体であっても広域行政で発生するかもしれないリスクが，合併交渉参加の強い誘因に

---

(3) こうした前提があるため，「平成の大合併」では「村を消すな」という主張がなかなか受け入れられなかったといえる（菅沼，2005；藤井，2006）。

なる。更に，広域行政での序列関係は一種の「親分－子分」の関係でとらえられる傾向があり（現代地方行財政研究会，1998a），子分である零細町村が厳しい状況に置かれれば「地域の盟主である都市自治体はそれを助けるべきだ」という住民圧力も発生する。「手がつけられなくなってから救済合併するのではなく，ひどくならないうちに合併しておく」という消極的な動機が発生するのである[4]。

3　国・都道府県に対する依存の意味

「合併破談後の関係継続」という視点を持てば，国と都道府県への依存の程度が合併交渉の成否に対する関数であることは容易に理解できる。

国と地方自治体の間に依存関係がない，完全な「地方分権」の状態であるならば，地方自治体の合併交渉は，合併しないことで国から与えられるペナルティは考慮する必要はない。しかし，わが国では，市町村の多くが地方交付税を受け取っているし，税制も中央集権的に構築されている（野口，1995；片山，2007）。そのため，交付税依存が高い自治体ほど，合併の利得計算に国の圧力が考慮されることになる。これは，地方交付税の算定替えや「三位一体の改革」が合併交渉を促したという事実と整合的である。

同じように考えれば，都道府県依存が高い市町村ほど，合併する利得計算に長期的な関係から生じる都道府県の圧力が加わる可能性が高い，と容易に想像がつく。都道府県に対する依存度が高い市町村は，都道府県の意向を無視した時の「将来の」サンクションを考慮する必要があるからである。

ただし，都道府県の合併圧力は，それぞれの都道府県の置かれている事情で大きく異なる。たとえば，知事が「積極的に市町村合併を進めたい」と考

（4）　広域行政は，人口規模が小さいながらも財政的に裕福な自治体が，合併に応じざるをえない足枷にもなる。幾ら裕福な自治体であったとしても，それは人口1人当たりという相対的なものであり，一通りの施設（公立病院，ホール，体育施設など）を全て持つことは不可能だからである。とくに病院などの社会保障政策を単独で賄うことは，幾ら財政が裕福であったとしても，採算性の面や医師確保の面から人口の少ない町村では不可能である。ここから，合併を志向していなくても，広域行政の観点から合併交渉のテーブルに着かざるをえない環境が発生する可能性が指摘できる。

えているのであれば，その都道府県下にある市町村への合併圧力は強くなるであろうし，知事が「市町村合併に責任をとりたくない」という立場であれば，市町村への合併圧力は弱くなる。なお，都道府県の圧力のレベルは経験的に，

　①協議会設置から合併まで常に強い圧力をかけ続け，方針通りの合併を　　実現しようとする，
　②協議会設置までは強い圧力をかけるが，協議会設置後は交渉している　　市町村の意向を優先する，
　③市町村の意思決定を尊重し，合併には消極的な姿勢をとる，

の概ね3段階に分類できるだろうし，これらの態度は当時の知事の合併に対する態度を投影したものになっている。
　たとえば，①に該当する代表的な県としてあげられるのは，静岡県である。総務省出身の石川嘉延知事（当時）は合併を積極的に進めることを表明し，合併特例法が切り替わった2005年4月以降も県内の合併を推進した。一方，③に該当する代表的な県としてあげられるのは，長野県である。当時の田中康夫知事が合併に反対の立場であったことは，彼の言動をみれば明らかである。
　ただし，単に圧力をかけるだけでは，合併を強要している印象が強くなるし，合併後に「強制されて合併した」という記憶が住民の意識に残りやすくなる。そのため，合併特例債にみられるような「アメ」，すなわち誘因を提示することによって，前出の式の不等号の向きを変える必要性が生じる。それが合併促進策としての合併特例であり，この「アメ」は，合併に自発的に賛成したという自主性を演出する道具であるともいえる。
　これまでの先行研究は，合併特例の「アメ」と「ムチ」に重点を置いて合併交渉への参加と枠組みを議論してきた。しかし，このように合併交渉の利得構造を細かく設定し，ゲームとして合併交渉をとらえると，合併交渉の成否は単なるメリット・デメリット論だけは説明できないことに気づく。長期的な関係の存在の有無も，合併の成否を決める重要な変数なのである。

III 最適人口規模と市町村合併

1 最適人口規模の議論

合併枠組みのあるべき姿を理論的に説明しようとするものとして、「最適人口規模」の議論がある。最適人口規模の議論は、人口規模（及び面積）と政策出力の関係が概ね2次関数的になることに着目し、議論を展開している（吉村，1999；佐々木，2001；西川，2002）。

西川によれば、公的供給財のうち、私的財は人口比例的な支出であり、公共財は人口規模に対し相対的に非弾力的な支出である。公的供給財には、これら2つの性質が含まれており、歳出と人口規模の関係は、

$$\ln y = \ln A + \alpha \ln x + \varepsilon$$

で示すことができる。yは各地方政府の歳出額、xは個別政府の人口規模、Aは人口規模以外で歳出額に影響を与える要素ないし固定費用であり、εは誤差項である。そして、αは偏微分することで、人口に対する弾力性を意味する数値として置くことができ、平均費用と限界費用の乖離率を示すパラメータとして理解できると西川は示す。

$$\alpha = \frac{dy/dx}{y/x} \Leftrightarrow \alpha \frac{y}{x} = \frac{dy}{dx}$$

そして、限界費用曲線（MC）と平均費用曲線（AC）の間で等号が成り立つという条件から、$\alpha = 1$が成り立つような人口規模 pop^* が、歳出規模からみた際の最適人口規模ということができるという（図1-1）。なお、「平成の大合併」前のデータによる西川の推計結果は5、市レベル（政令指定都市を除く）の最適人口規模が大凡17万人になることを示している。

---

(5) 原田・川崎（2000）が指摘するように、データに基づく推計にあたっては権限の違いを考慮する必要がある。市区町村は基礎的自治体として位置づけられてはいるが、権限上の違いが存在しており、そのため支出分野に若干の違いが存在するからである。また、広域行政の有無も無視できない。

図1-1 歳出による最適人口規模の論理

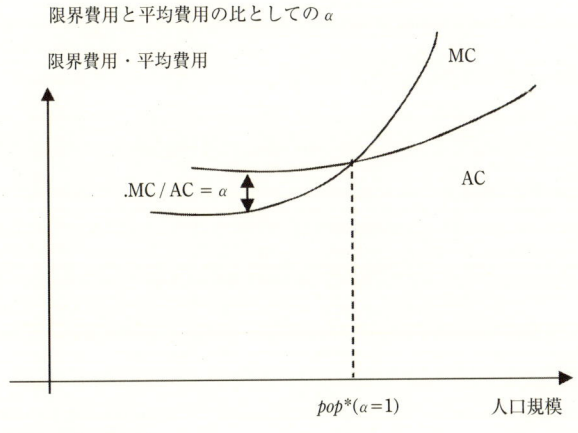

出所：西川（2002）

2 合併が最適人口規模にならない理由

ところで，実際に行われた事例を丹念に追っていくと，歳出の効率化からみた最適人口を目指して合併したという事例はそれほど多くないことがわかる。計量分析の結果からも，それは支持されている（宮崎，2006）。なぜ，最適人口規模を意識した合併交渉は多くなかったのであろうか。

財政効率と住民の空間認知の両立が，1つの理由としてあげられる。政治学では，古くから「政府規模と政治参加」に関して議論を行ってきた（Dahl and Tufte, 1973；矢野・松林・西澤，2005；名取，2009）。政治参加にかかるコストは，基本的に，政府の人口規模や面積と正の関係がある。政府の人口規模が大きくなりすぎた場合，または面積が広くなりすぎた場合，住民のアイデンティティの形成や政策課題の共有に問題が発生し，政府を動かす有効性感覚が低下するからである。民主主義というシステムの維持や政治に参加する住民の空間認知能力を考慮すれば，人口や面積が大きければ大きいほどよいというわけではない。すなわち，「行政効率（財政学的見地から得られるスケール・メリット）」と「政治参加（政府を動かせるという有効性感覚）」の交点がどこかに存在し（図1-2），財政学的なアプローチで導き出された

図1-2　行政コストと政治参加からみた「最適人口規模」

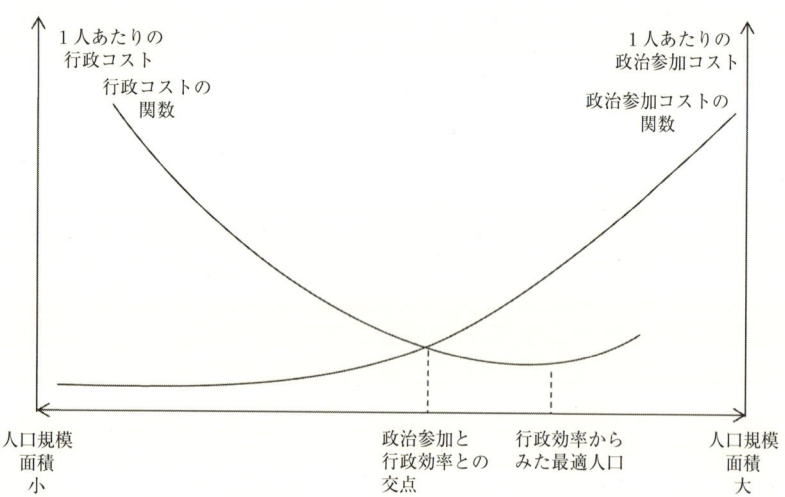

最適規模と異なる状態で存在する可能性があることが、最適人口規模の合併が生じにくい状況を生んでいると考えられるのである[6]。

　市町村合併には「隣接空間で合併する」という条件があり、かつ、そこに住む者の多数が「一体性のある空間である」という共通認識を有している条件が伴うことも、最適人口規模の合併が生じにくい理由と考えられる。「効率化をはかることができ、かつ一体感も醸成しやすい」と広域行政[7]を合併交渉のスタートにした事例が「平成の大合併」で多かった。広域行政の枠組みを利用することは、自治体間の交渉コストや有権者の認知コスト等の点から、非常に合理的であるといえる（中村・城戸、2009）。既に一部事務処理組合として施設を建設している広域行政にとってみれば、「追加投資してまで、

（6）　このことは、政治参加の制度が充実すれば、もしくは、ICT（Information Communication Technology）の発達により、広域でも政府に訴えかけることが可能になれば、最適人口規模は時代によって変わることを示唆している。ただし、これが、どこであるのかについては十分な検討は行われておらず、検討課題であり、政治参加研究の視点から詳細な検討が必要である。

（7）　日本の広域行政の制度については、佐藤（2006）を参照。

わざわざ最適人口規模を意識して合併する必要はない」という結論が導かれるのは道理であろう。

3つ以上の市町村による合併交渉では，戦略的な合併交渉が行われる可能性があり，これもまた，合併が最適人口規模にならない1つの理由となる。α市，β町，γ村が広域行政圏を形成していたとする。βが，「αに吸収されたくないが広域行政の枠組みは維持する必要がある」と考えている場合，βはどのような行動を採るだろうか。おそらくβは，γがαに吸収されることを回避するために，γに対して合併を持ちかけ「アンチα連合」を形成しようとするだろう。こうした状況下での合併交渉は，大規模自治体に吸収されることの回避と広域行政圏内の発言力増大が重視されているため，行財政の効率性の観点は軽視される。最適人口規模の合併が行われない背景には，こうした広域行政圏内での駆け引きもあると考えられるのである。

IV　まとめに代えて

こうしてみると，広域行政の市町村合併に対する影響は，「共通意識の醸成」以上のものがあるといえるだろう。これまでの議論から明らかになったのは，

　①ゲームに繰り返しが発生することによる効果，
　②財政破綻のリスクを持つ広域行政参加自治体の救済という動機，
　③県提示の合併モデルが広域行政と一致することの効果，

の3つである。したがって，市町村合併は，広域行政という枠組みを前提としない合併の事例と，広域行政という枠組みを前提とした合併の事例が存在すると理解した方がよい。

広域行政を形成していない地方自治体同士の合併交渉は，基本的に前者である。これを本書では「足し算型合併交渉」と表現しよう。足し算型合併の合併交渉は，基本的に1回限りの交渉であり，合併する自治体双方が合併に一定の意義を見いだしていない限り，交渉成立は難しい。一方，広域行政を形成している地方自治体の合併交渉は後者であり，広域行政という長期的な関係維持が考慮された合併交渉が行われると想定できる。広域行政を合併交

渉の枠組みとする合併交渉は基本的に繰り返しゲームとしてとらえられ，将来の広域行政が利得計算に加わる結果,「足し算型合併交渉」に比べ，合併が成功する確率は高くなる。ただし，広域行政を基にする実際の合併交渉は，広域行政内の駆け引きが発生することもあり，合併交渉に参加する自治体が，徐々に交渉枠組みから離脱していく可能性を孕んでいる。広域行政を基とする合併交渉は交渉自治体の離脱が重要であるので，前述の「足し算型合併交渉」に対し，ここでは「引き算型合併交渉」と表現することにしよう。

　合併交渉を「足し算型」だけで分析することは，市町村合併を市町村の視点からのみ分析していることになり，「引き算型」の合併交渉をうまく説明することはできない。我々は，広域行政を前提とした合併交渉の研究も行っていくべきと考える。このアイディアは，市町村合併をモデルとしてとらえる際に有用になるばかりではなく，合併交渉から一時離脱したのにも拘わらず，最終的に合併することとなった事例（気仙沼市の事例など）や，実質的に合併交渉は破談したものの交渉枠組みが維持される事例（亘理町・山元町合併協議会の事例など）を分析する際にも有用と考えられるからである。

第2章

合併事例の計量分析

― 中心自治体の「譲歩」という視点から

I　はじめに

　地方自治体の合併とは,「地方自治体の法人数が減少する」ことである。市町村合併過程は後戻りのできない交渉過程であり,後戻りできないがゆえに様々な駆け引きが繰り広げられる。また,合併条件は新自治体における地域(旧自治体)間の力関係に影響を及ぼすため,交渉に参加する自治体はよりよい条件で合併できるよう交渉を行うと考えられる[1]。そのため,結論の先送りも含め,どのような条件で合意したかを分析することは,非常に有意義である。

　一般的に,合併交渉で争点となる項目は,大きく2つに分けられる。1つは先送りが可能で妥協できる項目,もう1つは先送りが困難な項目である(表2-1)。たとえば,公共料金の統合や条例の存廃などは,前者に該当する項目といえる。一方,合併形態は基本的に先送りできない項目であるから,後者に該当する。また,新自治体の名称問題は,将来の見直しを明記することで先送りすることも不可能ではない。しかし,現実的には,自治体名称を

---

(1)　そのため,「条件闘争をするぐらいだったら,合併交渉には参加しない」という判断をした自治体もある。たとえば,東白川郡矢祭町が好例である(根本・石井,2002)。
　　また,「地域経済の中心に吸収(編入)されるよりも,貧しいところで連合した方がまし」という意識のもと,地域の中心と目された自治体(都市)との合併交渉を最初から行わなかった事例も各地で見受けられた。

表2-1　合併交渉で争点となる項目と妥協の可能性

合併交渉で争点となる項目	妥協の方法	状況
新自治体名	×	先送り困難
合併形態	×	
庁舎	分庁方式等の採用，暫定利用をうたうなど	程度問題，先送り可能
自治体内分権	総合支所方式の採用，地域審議会等の時限設置など	
地方議会の定数	将来的な見直しの盛り込み，特例の利用など	
総合計画，条例や手続きの問題	合併後の見直し等の示唆	
公共料金	段階的統合	
合併特例債の利用	合意できるところを優先	

短期間で見直すことは困難である。看板等の書き換えに大幅なコストがかかるし，名称変更が確実に行われる保証がないからである。また合併交渉時に一応の目処を立てなければならない点を考えると，先送りができない項目とみなしてよいだろう[2]。

ところで，合併項目を左右する大きな要因として誰もが理解しているのが，人口規模である。人口規模が相対的に大きい自治体は，しばしば都市的な自治体と判断される。また，人口規模は担税力に結びつきやすい。そのため，人口規模の大きい自治体の意向・態度が，合併条件となって表出しやすいと考えられる。ただし，中心と目される自治体の人口規模が相対的に大きいからといって，その自治体の意向どおりの合併が成立するとは限らない。それはデータからも支持される。筆者の収集したデータをグラフ化したものが，図2-1である。通常，中心自治体（新自治体を構成する旧自治体の中で，もっとも人口の大きかった自治体）の新自治体総人口に占める割合が大きければ「編入合併になりやすい」と考えられ，その占める割合が低ければ「新設合併になりやすい」と思われている。図2-1は確かにその傾向を表している。

しかしながら，図2-1は，議論はそれほど単純ではないことも示している。中心自治体の総人口比が90％近くのケースであっても新設合併が選択されている事例もあり，人口以外の要因の可能性も検討する必要があることが

---

(2) 新自治体の庁舎の位置はしばしば後者のように取り扱われるが，「当面の間，○○の庁舎を利用する」ないしは「分庁方式とし将来もう一度検討する」といった形で妥協でき，数年以内に庁舎を移動することも不可能ではない。そのため，これは妥協が可能な項目と判断することができる。

図2−1　合併形態と中心自治体の新自治体の人口中に占める割合

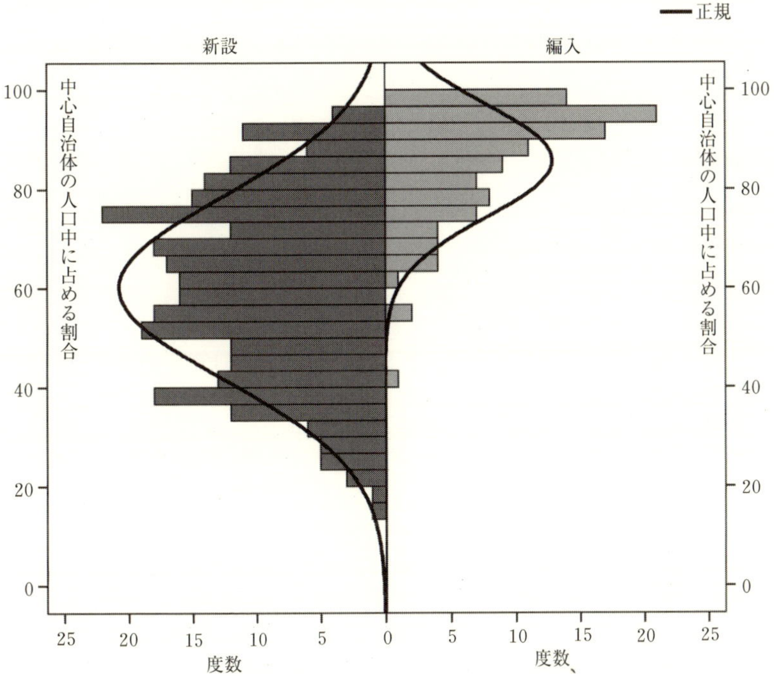

日経NEEDSデータより筆者作成

図から読みとれる。すなわち，中心自治体の人口規模は合併形態を分ける重要な要因の1つであることは間違いないが，そればかりが合併形態を規定しているわけではなく，別の要因について検討する必要があると思われるのである。

そこで本章では，まず，先送りが困難なこの2つの項目を規定する人口以外の要因について，計量分析により検討を行うことにしたい。具体的な従属変数は，次のとおりとする。まず，合併形態については「新設合併」を1とし，「編入合併」を0とする。新自治体の名称については，新自治体の名称に「中心自治体の名称を不使用」の場合を1，「使用」の場合を0とする[3]。なお，

（3）　合併後の新自治体の名称はしばしば公募され，投票にかけられる。その

ここで用いるのは，合併成功事例のうち，市に関わる合併があった398事例のデータである[4]。

ため，「公募した」ないしは「投票にかかった」という部分のカテゴリーを形成できるかもしれない。ただ，本分析では，新市名称が公募され投票された結果，中心自治体名が採用された事例は「中心自治体名を採用した」に分類している。通常，新市名の住民投票になれば中心自治体の人口比が大きく影響するといえるだろうし，また協議会委員による投票であっても，協議会の委員は概ね人口規模に比例して配分されるので，中心自治体の意向がかなり反映されることになりやすい。そのため，こうした扱いをすることは問題ないだろう。

なお，興味深い事例として，由利本荘市の事例（本荘由利一市七町合併協議会）をあげることができる。由利本荘市では異なる投票を繰り返すことで，名称の一本化をはかっている。第2次選定で打ち切って，そこでの投票多数である「本荘市」になるのが一般的なケースだが，協議会では3次選定を連記で実施し，最終的に「由利本荘市」が新市名に選択されている（表2-2）。http://www.city.yurihonjo.akita.jp（2008年8月27日訪問）

表2-2 由利本荘市における新市名決定過程

第2次選定結果

得票順位	名称	読み方	投票数
1	本荘市	ほんじょうし	17
2	由利市	ゆりし	7
3	由利本荘市	ゆりほんじょうし	6
4	鳥海市	ちょうかいし	5
5	鳥海山市	ちょうかいさんし	5

投票総数 41票
有効投票 40票
無効投票 1票

第1次選定21名称からの単記投票

上位5位が 3次選定へ

第3次選定結果

得票順位	名称	読み方	投票数
1	由利本荘市	ゆりほんじょうし	32
2	本荘市	ほんじょうし	19
3	鳥海山市	ちょうかいさんし	15
4	由利市	ゆりし	14
5	鳥海市	ちょうかいし	11

投票総数 120票
有効投票 91票
無効投票 29票

第2次選定5名称からの連記投票

上位3位が 最終選定へ

合併協議会による満場一致で「由利本荘市」

資料出所：由利本荘市ホームページ（2008年8月27日訪問）

（4） さいたま市や宗像市の事例など，同一市が複数関与する事例は，最初の合併のデータのみをサンプルとしている。

これまで合併行動の計量分析は，宮崎（2006）や広田（2007），城戸・中村（2008）などによって既に試みられている。これらは，交渉に参加する市町村の特徴を明らかにしようとしているが，交渉の過程で重要となる政治意識に関わる検討は乏しい。本章は，これらの先行研究に依拠しながらも「譲歩」という政治意識に着目し，分析を試みる。

II　仮説：「譲歩」という視点から考えられる諸仮説

　ここで，先送りが困難な2項目の決定に影響を与えると思われる要因を幾つかあげ，仮説を提示することにする。基本的に，双方とも合併交渉結果と判断できるので，2項目の決定に影響を与える要因についての仮説は，ほぼ同じになると考えられる。

1　人口要因

　合併交渉を行う際に鍵となるのは，交渉に参加している自治体のもつリソースと考えられる。リソースの1つとしてあげられるのが，自治体の人口規模である。人口規模の大きさは，その自治体が都市的機能をもつ確率が高いことを意味し，交渉参加自治体内で中心的であることを意味する。また，合併後の発言力という点からも，人口規模の大きさは合併交渉の主導権争いに影響を与えると考えられる（佐々木，2002；広田，2006）。

　具体的な例で考えてみよう。A市・B町・C村で合併し，人口10万人の新市を形成するという事例を想定する。A市の人口が8万，B町の人口が1万5000，C村の人口が5000であったとした場合，我々の多くは，A市がB町・C村を吸収し（編入合併を選択し），新市A′を形成すると考えるであろう。それでは，もし3市町村の人口が，それぞれ，5万5000，3万8000，7000であったらどうか。おそらく，Aが周辺を吸収することは困難で，A・B・Cは新設合併を選択し，新市Dを形成すると考えるだろう。このことは，新自治体を形成する際に中心となる自治体（ここではA）の人口規模が，合併形態を分ける1つの要因となりうることを示している。いいかえれば，新自治体に占める中心自治体の人口比が高ければ高いほど，編入合併が選択される確率が高くなる。

　ただし，次の点には留意が必要である。それは，合併の枠組みは必ずしも

2自治体による合併とは限らず，合併枠組みが3自治体の場合もあるし，同じ郡に所属する5以上の自治体が大同合併する場合もある。こうした事実から，交渉枠組み内における人口規模の絶対的な大きさと相対的な大きさの2つの視座でみる必要があることを示している。

以上の議論から，次の仮説を導き出すことができる。

絶対人口比仮説

旧市町村中，もっとも人口の多かった自治体（中心自治体）の新自治体に占める人口比が低ければ低いほど，新設合併が選択される確率（新自治体に中心自治体の名称が使われない確率）が高くなる（$pop1\_abs$）[5]。

相対人口比仮説

旧市町村中，もっとも人口の多かった自治体（中心自治体）と，二番目に人口の多かった自治体の比率の差が少なければ少ないほど，新設合併が選択される確率（新自治体に中心自治体の名称が使われない確率）が高くなる（$pop2\_rel$）。

2 財政要因

西川（2002）の議論に代表されるように，財政力の多寡も合併交渉で重要な鍵となる。その理由は，「平成の大合併」に「地方分権の受け皿をつくる」という側面もあったからである。多くの指摘があるように，「平成の大合併」では，財政的に余力のある自治体が積極的に合併するインセンティヴは乏しかった。このことを別の視点から見ると，「財政力のある自治体は合併交渉に参加しない」もしくは「交渉に参加していたとしてもその交渉を容易に打ち切れる」という立場にあったとみることもできる。すなわち，「財政的に豊かな自治体ほど，財政力の乏しい自治体に強気な態度が採れる」という仮説が成り立つのである。

ただし，次の点には留意する必要はある。一般的に，人口規模の大きい自

---

(5) 分析に用いたのは2000年国勢調査の値。そのため，2000年以前に合併した篠山市のケースは分析から除かれている。

治体ほど財政力は高くなる傾向にあるが，人口規模が大きい自治体ほど財政力があるとは限らないという点である。原子力発電所などがある自治体ではそれらの施設が大きな税収をもたらしてくれるし，日本を代表するような企業がある企業城下町の自治体は，人口規模が小さくとも高い財政力を誇る場合もある。そのため，人口が少なくとも財政力を交渉カードに合併議論の主導権を握るケースもある。そのため，その地域の広域行政で中心を担っているような都市的自治体（中心自治体）の財政力が豊かであれば，財政基盤の弱い周囲の町村を吸収することができるが，地域の中核を担う自治体に財政的な不安がある場合や，周囲に財政的に豊かな町村がある場合では，編入合併という形態は採りづらくなると考えられる[6]。

ここから，次の仮説を導き出すことができる。

財政力仮説
　旧市町村中，もっとも人口の多かった自治体（中心自治体）の財政力が相対的に低い場合，新設合併が選択される確率（新自治体に中心自治体の名称が使われない確率）が高くなる（*fiscal03*）[7]。

3　交渉コスト要因

政党連合の議論の中で，「最低政党数連合」仮説がある（Leiserson, 1966）。この仮説は，政党間の交渉費用に注目し，政党連合の形成は政党の規模（議席数）よりも，政権に参加する政党数が重要と考える仮説である。この仮説に沿えば，政党連合（連立内閣形成）の交渉に参加する政党が多くなればなるほど，交渉枠組み内での対立が発生する確率は高まることになる。

合併交渉も自治体連合の交渉過程ととらえれば，多くの自治体が参加する合意形成のほうがより困難になると考えられる。交渉枠組み内における対立発生確率も高まるであろう。合併交渉に参加する自治体が多く，その枠組みを成功させようとする場合，特定の自治体がメリットを享受する編入合併は

---

(6)　なお，人口規模が大きく財源を有している都市的自治体であっても，公共事業に伴う公債費の増加によって財政の健全性に疑問符がつけば，交渉力が大きく低下する場合もある。

(7)　2003年度の財政力指数を使用。

提示されにくいと考えるのは合理的である。合併交渉に参加する自治体が多い方が，対等合併を強調できる新設合併が選択されやすいのではないだろうか。また対等合併を醸しだすため，新しい自治体の名称には旧市町村中，もっとも人口の多かった自治体（中心自治体）を想起しない名称が用いられると考えられる。

ここから，次の仮説を導き出すことができる。

合併交渉参加自治体数仮説
　　合併交渉に参加した自治体の数が多ければ多いほど，新設合併が選択される確率（新自治体に中心自治体の名称が使われない確率）が高くなる（*municipl*）。

「平成の大合併」では，程度の差はあるが，都道府県が合併モデルを提示している。このモデルに沿っていない協議会は，沿っている協議会に比べ，相対的に交渉コストがかさむ可能性がある。また，都道府県のお墨付きがないと町村が協議会を離脱するコストは低くなる。よって，都道府県が提示していない協議会では，中心となる自治体が譲歩する確率は高くなると考えられる。

また，都道府県が提示した合併モデルは，基本的に広域行政圏から形づくられている。そのため，この変数は，引き算型合併交渉（第1章参照）であることの代理変数とみなすことができる。

都道府県提案モデル合致仮説
　　都道府県が提示した合併モデルに外れた合併枠組みでは，新設合併が採択される確率（新自治体に中心自治体の名称が使われない確率）が高くなる（*pref*：ダミー変数 [8]）。

---

(8) 合併のモデルの提示がどの程度影響しているのかについては，事例ごとに異なると思われる。ただ，全体的な傾向を把握するには，計量的な手法で分析する必要がある。辻山（2007）は，モデル提示の誘導力の検証が必要であることを指摘している。本章の分析で *pref* を投入することは，都道府県の誘導力を考える上での1つの試みでもある。

4　時限法要因

「平成の大合併」を促した合併特例法は，2005年3月31日までの時限法であった。合併のメリットを享受するためには，失効前に一定の結論を得る必要がある。宮崎（2006）の報告では，合併特例法の期限が協議会設置のインセンティヴに結びついているという。また，合併特例の恩恵を受けたいと考えながらも合併交渉が長引いている合併協議会[9]では，合併特例の期限が迫れば，条件の妥協が発生する確率は上昇する可能性がある。とりわけ，先送りできない項目で妥協が成立する可能性が高まると思われる。

ここから，次の仮説を導き出すことができる。

駆け込み妥協仮説
　合併期限に近づけば近づくほど，合併するという「事実」が優先されるあまり，新設合併が採択される確率（新自治体に中心自治体の名称が使われない確率）が高くなる（*deadline*）。

5　その他の要因

既に指摘しているように，自治体のランク（市制施行，政令指定都市化）が上がる可能性がある場合，市町村合併を行うインセンティヴは急速に高まり，ランク・アップ[10]を果たしたい自治体は，周囲の自治体に譲歩をして合併しようとすると考えられる。すなわち，ランク・アップする可能性のある合併は，新設合併が選択される確率が高くなると予想される。ただし，これを数値としてモデルに組み込むことは容易ではない。そのため，今回は分析に含むことを見送ることとする[11]。

---

(9) 宮下（2009）によると，合併がうまくいかなかった地域をデータ上でみると，法定協議会の交渉期間の分散が大きいという。交渉枠組みの形成段階（研究会・任意協議会の期間）も含めないと，議論としては正確ではないが，興味深い指摘である。

(10) 市制施行の要件である3～5万人（特例がない場合は5万人），特例市になれる20万人，中核市になれる30万人，そして政令指定都市の70万人（法令上は50万人）がランク・アップのラインである。

Ⅲ　分析

　前節で提示した仮説を検討するため，2つの項目を従属変数とする二項ロジスティック回帰をそれぞれ行うことにした。仮説に基づく独立変数は表2－3の通りであり，予想される係数の傾きもこの表に付け加えている。
　まず，強制投入法によって，全ての独立変数を強制的に投入したモデルで二項ロジスティック回帰を行った。その推定結果を示したものが，表2－4である。
　強制投入モデルの結果から，中核を担う自治体の財政力が低いほど新設合併になりやすく，県提示の案とは異なる合併枠組みの方が新設合併になりやすいという予想通りの結果が得られた。しかしながら，合併交渉に参加した自治体数は統計的には有意であったものの，予想とは逆の傾きとなった。また，人口比に関連する2変数はともに有意ではなく，これも予想とは異なる結果であった。強制投入モデルにおいて人口比に関する2変数が有意な結果が得られなかったのは，両者の相関が高く，多重共線性が発生したためと考

表2－3　分析に用いる独立変数

変数名	具体的な値	予想される傾き	対応する仮説
pop1_abs	もっとも人口が多い自治体の人口÷合併直後の人口	＋	人口比仮説（絶対的）
pop2_rel	（もっとも人口が多い自治体の人口－2番目に多い自治体）÷合併直後の人口	－	人口比仮説（相対的）
municipl	合併した市町村数	＋	交渉コスト仮説
fiscal03	もっとも人口が多い自治体の2003年度の財政力指数	－	財政力仮説
deadline	特例法期限（2006年3月31日）－合併期日	－	駆け込み合併仮説
pref	都道府県が提示したモデルでの合併を1，それ以外を0とするダミー変数	－	県提案合致仮説

＋が新設

---

(11)　この他にも，自治体同士の地理的な配置も一要因としてあげることができる。飛び地をつくらないという市町村合併の基本方針が合併交渉の選択肢の幅を狭め，地理的に要の位置にある自治体の発言力を相対的に強くすると考えられるからである（鈴木，2005）。

えられる。そこで，多重共線性の影響を排除するため，Wald値で選別する変数増加法を用い，独立変数の選別を行った。その結果が，次の表2－5である。

強制投入モデルと変数増加モデルの間の判別率を比較したところ，ともに86.7％と両モデルの間に判別率の差はみられなかった。また，疑似R^2の値も，2つの表の間でほとんど違いはみられない。ここから強制投入モデルは，独立変数が過剰であったといえるだろう。そこで，変数増加モデルで抽出された5％水準で有意な変数を確認することにした。変数増加法モデルで統計的に有意と確認されたのは，*pop2_ref*, *municipl*, *fiscal03*, *pref* の4変数であった。

表2－4　二項ロジスティック回帰の結果1（強制投入モデル）

	B	標準誤差	Wald	自由度	有意確率
pop1_abs	−4.82	7.658	0.396	1	0.529
pop2_rel	−5.57	4.704	1.404	1	0.236
municipl	−0.30	0.132	5.158	1	0.023
fiscal03	−5.07	1.000	25.719	1	0.000
deadline	0.00	0.001	0.011	1	0.917
pref	−1.21	0.391	9.662	1	0.002
constant	12.46	3.485	12.790	1	0.000
−2対数尤度	226.239				
Cox & Snell R^2	0.433				
Nagelkerke R^2	0.628				
判別率	86.7％				

表2－5　二項ロジスティック回帰の結果2（変数増加法モデル）

	B	標準誤差	Wald	自由度	有意確率
pop1_abs					
pop2_rel	−8.48	1.061	63.968	1	0.000
municipl	−0.24	0.076	9.601	1	0.002
fiscal03	−5.24	0.979	28.671	1	0.000
deadline					
pref	−1.22	0.385	10.107	1	0.001
constant	10.42	1.167	79.704	1	0.000
−2対数尤度	226.658				
Cox & Snell R^2	0.432				
Nagelkerke R^2	0.627				
判別率	86.7％				

そして，*pop2_ref*, *fiscal03*, *pref* この3変数が仮説通りの傾きを示している。ここから，相対的人口比仮説，財政力仮説，そして都道府県提案モデル合致仮説がデータの上から妥当であることが確認された。

以上から，実際に合併に成功した事例からは，中核を担う自治体の相対的な強さ（人口で対抗する相手がいない，財政的余力がある）が合併形態を規定したことが確認できる。「平成の大合併」では，財政力が一定の意味を持っていたことを示していたといえるのである。また，県のモデル案の提示も有意な結果を示しており，県のモデル案の提示が「圧力」としての合併形態に影響を与えていたといえる[12]。これは，県によって合併が進んだ県と合併が

進まなかった県があった事実に結びつく結果である。「平成の大合併」が都道府県の姿勢，とりわけ知事の意向（合併を積極的に進めようという意思など）に左右されたという1つの証左でもある。

また，合併交渉参加自治体数仮説に該当する *municipl* は統計的に有意であったが，係数の傾きが予想の逆であった。データを個別に確認したところ，この結果は，広域行政で中心を担っている市に周辺の複数の町村が編入した事例が多かったことに起因するようである。この結果は，広域行政という一定の枠組みがあることが市町村間の関係を事前に規定し，結果として編入を行いやすくさせていると解釈すべきであることを示していると思われる。

続いて，新自治体に中心自治体名を採用したかどうかについて，ロジスティック回帰の結果をみることにしよう。

まず先ほどと同様強制投入法によって，全ての独立変数を強制的に投入したモデルで二項ロジスティック回帰を行った。その結果が表2-6である。ここでも，表2-4同様，多重共線性が確認できる。そこで，前回同様，変数増減法を行った。その結果が，表2-7である。合併形態とは異なり，有意な差が確認されたのは，*pop2_ref*, *fiscal03* のみであったが，やはり中心自治体の財政状況が新市名の選択に影響を及ぼしているという結果が得られた。

表2-6　二項ロジスティック回帰の結果3
（強制投入モデル）

	B	標準誤差	Wald	自由度	有意確率
pop1_abs	0.30	4.315	0.005	1	0.945
pop2_rel	-7.77	2.925	7.056	1	0.008
municipl	-0.16	0.136	1.444	1	0.230
fiscal03	-2.23	0.912	5.957	1	0.015
deadline	0.00	0.001	5.889	1	0.015
pref	-0.78	0.364	4.570	1	0.033
constant	3.98	1.969	4.079	1	0.043
-2対数尤度	274.554				
Cox & Snell R^2	0.437				
Nagelkerke R^2	0.599				
判別率	83.5%				

また傾きも事前の予想と合致している。すなわち，相対的人口比仮説，財政力仮説が支持されたといえるのである。

しかしながら，全国の事例の中には，このモデルだけでは説明できない事例もある。たとえば，その代表例として日光市（日光地区合併協議会）の事例をあげることができる。協議会参加の自治体の中，人口の最も大

(12)　人口要因の *pop1_abs* と *pop2_ref* を入れ替えたモデルで分析しても，ほぼ似たような傾向が確認された。

きかったのは今市市であったが，合併協議会の新市名の選考において「『日光』が全国的な名前であり，県外者に理解されやすい[13]」といった知名度が評価された結果，新市名称に「日光市」が採択されている。このことは，たとえ人口が大きく財政的に豊かであったとしても，中心自治体の名称ではない新名称に一定の効用を感じれば，中心自治体以外の名称が新自治体名（本章では新市名称）になることを示している[14]。

表2-7　二項ロジスティック回帰の結果4（変数増加法モデル）

	B	標準誤差	Wald	自由度	有意確率
pop1_abs					
pop2_rel	-7.31	0.737	98.298	1	0.000
municipl					
fiscal03	-1.60	0.789	4.092	1	0.043
deadline					
pref					
constant	3.38	0.495	46.720	1	0.000
-2対数尤度	285.408				
Cox & Snell R^2	0.421				
Nagelkerke R^2	0.577				
判別率	83.2%				

以上の2つのロジスティック回帰分析の結果から，いくつかの点が指摘できるだろう。まず，合併交渉の結果を規定する要因は，人口要因だけではないという点である。様々な要因が考えられる中，少なくとも「平成の大合併」における合併では，中心自治体の財政力が交渉上の重要な要因の1つとなっていたようである。このことは，「平成の大合併」が財政的な圧力の下で進められたものであることをデータ上も示しているといえる。また，回帰分析の結果は，都道府県が合併モデルを提示することに意味があることを示してい

---

(13) 日光地区合併協議会の議事録。
http://www.city.nikko.lg.jp/gappei/pdf/kyougikai/roku-08.pdf（2008年8月23日訪問）

(14) 名称は，合併後の住民のアイデンティティと深く結びつくので，中心自治体の名称よりも知名度のある名称が存在する場合はそちらを利用した方が，合併後の「統合コスト」を安くすることができる。日光市の事例は，中心自治体名を利用しないことが交渉の1つの譲歩だけではなく，新自治体形成後の統合コストの抑制にも結びつくことをうかがわせるものといえる。また，新名称が合併協議会の自己満足の中から提案され，住民にとってインセンティヴがないと判断されれば，合併協議会自体の解散につながることも起こりうる。全く新しい名称を掲げたことがきっかけで破談した協議会として，「美浜町・南知多町合併協議会（南セントレア市）」が有名である。

る。都道府県が合併枠組みを提示するのは交渉コストを抑制し，交渉に参加している中心自治体以外の自治体の合併枠組みから離脱するコストを高めるのである。

合併交渉に参加した市町村数との関連性についていえば，合併交渉に参加する市町村数が多ければ新設合併を選択すると予想したが，結果は逆であった。大同合併した地域の多くが広域行政を事前の枠組みとしていたことから，この結果は，引き算型合併交渉では編入合併が選択されやすいことを示していると考えられる。

Ⅳ 再分析

1 合併形態と新自治体名の合併条件との関係

ここまでは，合併形態と新自治体名を別々に分析してきた。前節の検討結果から，双方を規定する要因は人口要因だけではなく，中心自治体の財政要因も有意な要因であることが確認された。また，双方の係数の向き等がほぼ同じであり，「合併形態」と「新自治体の名称」は，図2－2のような合併協議会における「中心自治体の譲歩」という潜在変数を経由し出力されたものと考えることができるだろう。

なお，図2－2のモデルに基づいて共分散構造分析を行った結果が，図2－3である。

この図2－3では，合併協議における中心自治体の態度（譲歩）を潜在変

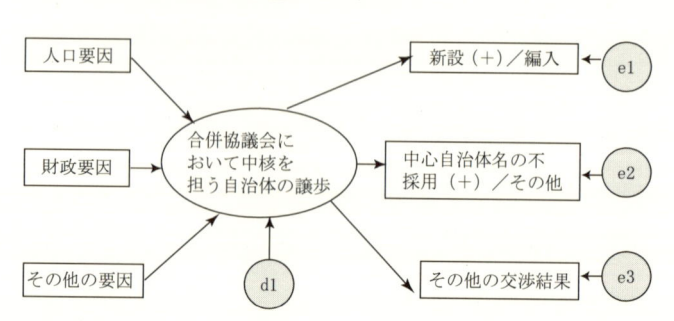

図2－2　潜在変数を考慮したモデル

図2-3　共分散構造分析の結果

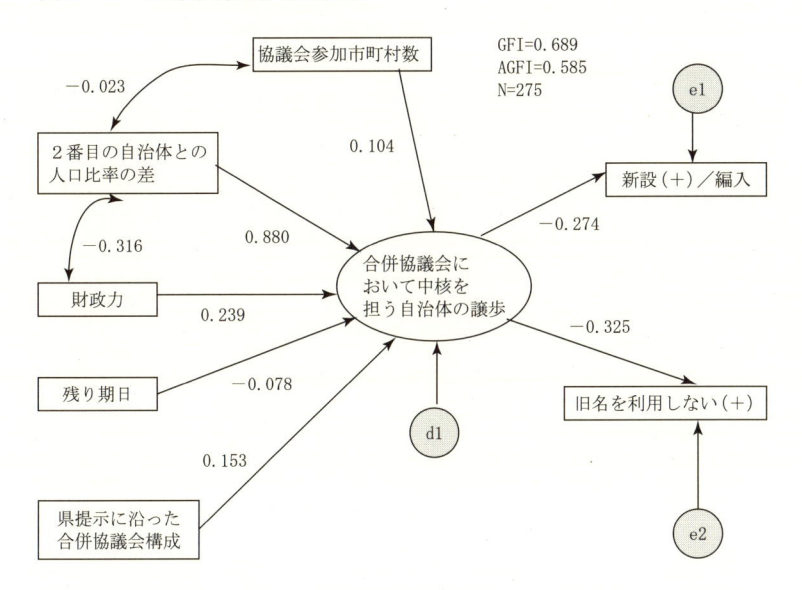

数としてとらえているが，これを具体的な変数として表現できないだろうか。中心自治体の態度（譲歩）を指標化する1つの方法としては，他の変数（たとえば，地域審議会の設置や議員在任特例の利用等）も加え，主成分分析や因子分析などで軸を抽出する方法が一般的と考えられる[15]。そこで，ここではシンプルに両変数を合成する方法で指標を作成する。

なお「合併形態」と「新自治体の名称」の間でクロス集計[16]を行うと，一定の傾向があることがわかる。クロス集計の結果を示した図2-4からわかるように，編入合併を行い，かつ中心自治体名を使用しなかったという自治体は，ほとんど存在しない。該当するのは，常総市，常陸大宮市，妙高市の僅か3例だけである。これらを外れ値とみれば，次の表2-8で示した順序尺度の変数 joho が，1つの指標となろう。

---

(15) 先送り内容の操作化がうまくいかなかったことも，影響していると考えられる。
(16) 分割係数 ϕ は，0.389である（0.5％水準で有意）。

図2-4　クロス集計の結果

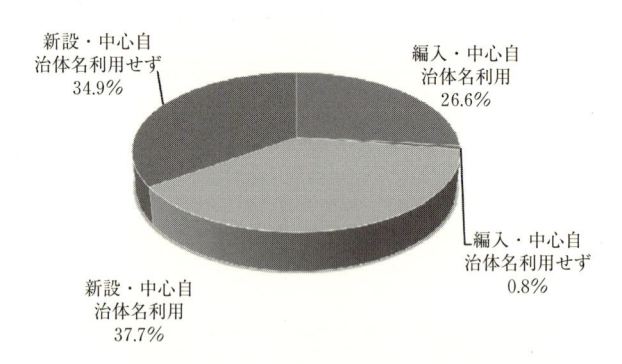

- 新設・中心自治体名利用せず 34.9%
- 編入・中心自治体名利用 26.6%
- 編入・中心自治体名利用せず 0.8%
- 新設・中心自治体名利用 37.7%

「編入・中心自治体名利用せず」に該当する市名

茨城県	常総市	（中心自治体：水海道市）
茨城県	常陸大宮市	（中心自治体：大宮町）
新潟県	妙高市	（中心自治体：新井市）

表2-8　中心自治体の譲歩状況を示す指標（joho）

合併交渉に対する態度	
新設・中心自治体名利用せず	譲歩 ↑
新設・中心自治体名利用	↓
編入・中心自治体名利用	強気

　中心自治体の譲歩状況を示す指標 joho は，合併協議に参加した当事者へのインタビュー結果とも合致する。「対等合併を強調するために新設合併を選択したものの，行政内部的には役所の手続き方法からファイルの閉じ方まで，ほぼ全てが中心自治体の方式が採用された」という証言を行った者は，少なくない。合併交渉を成立させるために，新設合併という「名」を周辺自治体に与え，新自治体の名称や役所の手続き方法などの「実」の部分を採った中心自治体は，少なくなかった。中心自治体にとって，新設合併は，新自治体名から自らの名称を外すことよりも，選択しやすい条件だったといえるだろう。

2 実際の結果と予測カテゴリーが違う事例の分析

続いて，中心自治体の譲歩状況を示す指標 *joho* を用いて，合併条件を規定する要因について更に検討を深めていくことにしよう。既に指摘した日光市のように，数量的に測定しづらい要因によって予測されたカテゴリーと実際の結果が異なってくる場合がある。もしかすると，予測されたカテゴリーと実際の結果が異なった事例の中に一定の共通性があるのかもしれない。そこで，

①既に合併条件に対して有意と考えられる独立変数は前節の分析でわかっているので，*joho* を従属変数に，*pop2_ref*, *municipl*, *fiscal03*, *pref* を独立変数にする順序回帰分析を行う，

②順序回帰分析の結果によって予測されたカテゴリーと，実際のカテゴリーが異なる事例を抽出し表を作成する，

という手順をふみ，予測されたカテゴリーと実際の結果とに違いのある事例を書き出し，そこに共通性や傾向をみてとることができないか，試みることにしたい。とりわけ，表2－9の左下①と②に該当するところは，中心自治体がかなり譲歩した事例とみなすことができるので，ここに注目して議論を展開する。

それでは手順にあわせて，検討を進めていくことにしよう。まず，従属変数を *joho* とした順序回帰分析を行った。その結果が，表2－10である。次に，ここで算出された式に基づき，それぞれの事例が「(1)編入・中心自治体名使

表2－9　予測されたカテゴリーと実際のカテゴリーの関係

		予測されたカテゴリー		
		(1) 編入・中心自治体名使用	(2) 新設・中心自治体名使用	(3) 新設・中心自治体名使用せず
実際のカテゴリー	(1) 編入・中心自治体名使用	78	27	1
	(2) 新設・中心自治体名使用	20②	98	31
	(3) 新設・中心自治体名使用せず	0	34①	105

　　中心自治体が譲歩したとみなせる事例
　　周辺自治体が譲歩したとみなせる事例
数値は該当するサンプル数

表2-10　順序回帰分析の結果

	変数名	B	標準誤差	Wald	自由度	有意確率
しきい値	joho = 1：編入	−7.88	0.69	131.55	1	0.000
	joho = 2：新設・中心自治体名採用	−4.43	0.55	64.87	1	0.000
位置	pop2_rel	−8.32	0.64	168.66	1	0.000
	municipl	−3.01	0.63	22.80	1	0.000
	fiscal03	−0.18	0.06	9.58	1	0.002
	pref = 1：提示なし	0.87	0.26	11.36	1	0.001
	pref = 2：提示あり	0	.	.	0	.
	Cox & Snell R^2	0.586				
	Nagelkerke R^2	0.661				

用」「(2)新設・中心自治体名使用」「(3)新設・中心自治体名使用せず」になる予測確率を算出した。そして，予測確率で50％以上を示したカテゴリー（予測されたカテゴリー）と実際の joho の間でクロス集計をした。

「平成の大合併」では，合併交渉に参加しなければならない状況に追い込まれていたのは，中心自治体というよりも周辺自治体に該当する零細町村であった。そのため，中心自治体に周辺自治体が譲歩するということはありうる。そのため，周辺自治体が中心自治体に譲歩して合併するという可能性は十分ありうる。一方，表中の①や②に該当する事例は，既に述べたように中心自治体側が譲歩をした事例と考えられる。そこで，①及び②に該当する事例を表に書き出してみることにした。ただし，表を作成するにあたっては統計的な誤差を考慮し，推計確率が66％以上の事例のみをとりあげることにする。

まず，表2-9中，①に該当する事例をあげたものが，表2-11である。推計確率66％以上で「(2)新設・中心自治体名使用」と予想されたのにも拘わらず，「(3)新設・中心自治体名使用せず」を実際に選択した事例は，さくら市以下13事例である。予測された値と実際の値が異なる事例からみえてくることは，次の通りである。

①全国的な知名度を優先した事例（奄美市，御前崎市，南相馬市，日光市，伊賀市）
②より広域な合併が構想されていたのにも拘わらず，合併規模が縮小していった事例（周南市，朝倉市，南相馬市，伊賀市）
③周辺に中心自治体候補が存在した結果，より譲歩が行われたと考えら

表2-11 「新設・中心自治体名使用」と予想されたのにも拘わらず、名称変更を伴った事例

市名	都道府県	合併年月	中心自治体	考えられる要因	合併交渉での対抗自治体
さくら市	栃木	2005年3月28日	氏家町	喜連川町に対する配慮	矢板市（県提示モデル）
胎内市	新潟	2005年9月1日	中条町	黒川村に対する配慮・市制施行	新発田市（県提示モデル）
いちき串木野市	鹿児島	2005年10月11日	串木野市	市来町に対する配慮	川内市（県提示モデル）
奄美市	鹿児島	2006年3月20日	名瀬市	奄美のもつ知名度	
周南市	山口	2003年4月21日	徳山市	周南広域合併からの経緯，市対市の合併	
瑞穂市	岐阜	2003年5月1日	穂積町	市制施行・最小限の合併	岐阜市（県提示モデル）
御前崎市	静岡	2004年4月1日	浜岡町	御前崎のもつ知名度・最小限の合併・原発イメージの回避	掛川市（県提示モデル）
伊賀市	三重	2004年11月1日	上野市	広域行政等の経緯・市対市の合併構想（名張市への配慮，最終的に名張市は合併せず）	
南相馬市	福島	2006年1月1日	原町市	相馬のもつ知名度	
湖南市	滋賀	2004年10月1日	甲西町	市制施行・最小限の合併	
朝倉市	福岡	2006年3月20日	甘木市	旧朝倉郡合併からの経緯（枠組みから町村が離脱）	
白山市	石川	2005年2月1日	松任市	白山麓1町5村への配慮	金沢市
日光市	栃木	2006年3月20日	今市市	日光のもつ知名度	

注）推計確率66％以上で「新設・中心自治体名使用」と予想されたのにも拘わらず，中心自治体名を使用しなかった市

れる事例（さくら市，胎内市，いちき串木野市，瑞穂市，御前崎市）

　前節ですでに指摘したように，①の場合は中心自治体にとっても当該名称を利用することに，インセンティヴがある。対等合併を強調でき合併交渉を推進しやすくするというインセンティヴである。また，合併後の観光振興・アイデンティティ醸成等にもプラスになるというインセンティヴがある。
　②の場合もありえない話ではない。広域合併に意義を見いだしていた中心自治体が，合併交渉の枠組みの縮小化で譲歩したと考えられるからである（引き算型合併交渉）。周南市の事例では，光市や下松市など市のクラスが当初の合併枠組みから離脱している。朝倉市の事例でも同様である。朝倉市の事例では，当初，1市4町2村による甘木・朝倉市町村合併問題研究会が発足したものの，合併交渉の過程で甘木・朝倉市町村合併協議会（1市2町2村）から甘木市・朝倉町・杷木町合併協議会（1市2町）へと交渉規模は縮小した。すなわち，これらの自治体は，合併交渉で中心的な役割を果たしている自治体が，当初の合併交渉枠組みに配慮して譲歩したことによって，実

際のカテゴリーと予測カテゴリーがずれたと解釈できるのである。

　③は，周辺自治体になることを回避したいという戦略からもたらされた事例といえるだろう。それは，③に該当する事例が，2自治体による最小合併で市制施行していることからうかがえる（さくら市，胎内市，いちき串木野市は1市1町合併，瑞穂市，御前崎市）。このことは，「平成の大合併」の合併交渉の過程で，「合併をしないとモデルを提示した県の面子をつぶす，しかし対抗自治体に主導権を奪われて独自性を失う（もしくは周辺地区として扱われる）のは嫌だ」といった考えから，合併交渉を行った自治体があったことを示している。第5章で登場する羽咋郡志賀町の事例もここに該当する。

　なお，伊賀市や南相馬市の事例は，①の要素と②の要素をあわせもった事例とみることもできる。「伊賀」「相馬」は全国的に知られた地名であり，伊賀市の事例では「那賀郡合併」[17]が，南相馬市の事例では「相馬郡合併」[18]が合併当初想定されていた。しかし両事例とも合併交渉がうまくまとまらず，合併交渉の枠組みが縮小した経緯が共通している。

　また，御前崎市の事例は①と③の要素を併せ持っている。御前崎市を構成した榛原郡御前崎町と小笠郡浜岡町は「平成の大合併」以前に合併交渉を持った経緯もあり，またこの事例の中心自治体となった浜岡町は，掛川市を含めた小笠郡合併には消極的であった。更に，浜岡町にとって「浜岡」を新市名にするインセンティヴはそれほどなかった。「浜岡」は「昭和の大合併」に誕生した地名であり[19]，それに加え「浜岡原子力発電所」による地域イメージの悪さもあったからである。むしろ知名度が高い「御前崎」を使った方が町民にとって望ましいという環境があった。

　白山市の事例は，②と③の要素をあわせもった事例である。白山市の事例は，金沢市の合併交渉参入という「足し算型合併交渉の側面」と，松任市が広域行政圏を守るという「引き算型合併交渉の側面」を合わせ持つ事例である。なお，白山市の合併事例については，次章で詳しく検討することにする。

　続いて，表2-9中の②に該当した事例をみることにしよう。表2-12は

---

(17)　http://www.toshi.or.jp/gappei/iga050316.pdf　（2008年8月30日）
(18)　http://www.toshi.or.jp/gappei/minamisouma060221.pdf　（2008年8月30日）
(19)　「昭和の大合併」で浜岡町が成立する際の中心自治体となったのは池新田町であり，町名は「浜」側と「岡」側が合併したことに由来している。

表2-12 「編入(・中心自治体名使用)」と予想されたのにも拘わらず，新設合併を選択した事例

市名	都道府県	合併年月	より広域での合併の模索	譲歩するインセンティヴ	留意点
富山市	富山	2005年4月1日	有り	北陸内での地位向上（対抗都市：金沢市）	
下関市	山口	2005年2月13日	無し	中核市も視野に入れた特例市化（対抗都市：北九州市・山口市）	
米子市	鳥取	2005年3月31日	有り	20万都市化（将来）（対抗都市：鳥取市，松江市）	当初想定されていた枠組みから，境港市が離脱（市同士の合併構想の破談）
高岡市	富山	2005年11月1日	有り	20万都市化（将来）（対抗都市：富山市），新幹線新駅への特例債の利用	合併交渉に応ずる自治体がなかなか現れず，また唯一の合併相手となった福岡町は小矢部市からアプローチを受けていた
釧路市	北海道	2005年10月11日	有り	20万都市（特例市）化と生活圏の統合	釧路市長等が釧路町長選に介入したとして逮捕される等，合併交渉はかなり混乱した
光市	山口	2004年10月4日	有り	最小限の合併で済み，かつ合併したという実績は残る	周南広域合併の枠組みから離脱している
宗像市	福岡	2003年4月1日	有り	県内（とくに福岡〜北九州間）での地位向上	
今治市	愛媛	2005年1月16日	無し	20万都市化（将来），四国内での地位向上	

推計確率66％以上で「編入」と予想されたのにも拘わらず，新設合併を選択した市

「(1)編入（・中心自治体名使用）」と予想されたのにも拘わらず，「(2)新設・中心自治体名使用」という結果になった事例をまとめたものである。なおこの表も，表2-11同様，推計確率66％以上を示したものを表示している。

これに該当する事例をみると，中心自治体が都市間競争を意識していた事例が並んでいることに気づく。とりわけ，特例市である20万人[20]を想定した合併事例が多く，ここから新設合併を選択することで周囲に譲歩し，拠点都市としての地位確定という「実」をとるという戦略性が見え隠れする。20万

---

(20) 20万人という規模は，「特例市」という制度的な意義だけではなく，西川(2002)などで指摘される「最適人口規模」に近似するという値でもあり，都市のランク・アップとともに，合併による行財政効率をはかることが可能な規模とみなすこともできよう。

という「特例市の条件」と周辺に「都市間競争をする都市が存在すること」が中心自治体の譲歩に結びつく，と考えられるのである。また，これらの事例は，ほとんど実際に合併した枠組みよりも広い枠組みでの合併の模索がはかられていた地域である，という共通点もある[21]。将来的により広域の合併を志向しているのであれば，中心自治体が吸収合併の印象を見せないよう配慮することは合理的である。中心自治体が「新設合併」というかたちで譲歩することは，今回合併に参加しなかった周辺市町村に対する布石とみることもできるのである[22]。また，その後も続くことになる一部事務処理組合での運営などにも影響を及ぼす可能性も高い。

譲歩の中には将来への布石という部分もあることを，我々は忘れてはならないのである。

V まとめ

本章での検討結果をまとめると，次のようになろう。

まず，合併交渉の出力を規定する要因は人口要因だけではなく，少なくとも「平成の大合併」における合併では，中心自治体の財政力が交渉上の重要な鍵となったことがロジスティック回帰分析の結果から明らかになった。また，回帰分析の結果は，都道府県が合併枠組みを提示することが合併形態に影響を与えていたことを指摘する。中心自治体の財政力の状況や都道府県の合併に対する影響力は合併形態に影響があると一般的にいわれていたが，これをデータから明らかにすることができた。

また順序回帰によって算出した予測カテゴリーと実際の状況を比較した結果から，次のような状況では，中心自治体がより譲歩する可能性があることを指摘できる。

第一は，人口規模や財政規模が圧倒的な中心自治体が，都市のランク・ア

---

(21) 表2-12中，下関市は広域での合併の模索は「無し」となっているが，これはあくまでも山口県内での合併を前提とする交渉枠組みとしてのことであり，対岸の北九州市には通勤圏が組み込まれている下関市との「関門合併」を主張する声は存在する。

(22) 事実，新設合併後の宗像市は，2005年3月28日，宗像郡大島村との合併を果たしている。

ップや自市のイメージ・アップを意識して譲歩するという状況である。いいかえると，中心自治体がより合併に意義を感じている場合といえるだろう。とりわけ，「特例市等となって地域拠点都市となりたい」「地域を全国に発信していきたい」という都市の格づけの点での向上は，中心自治体の周辺自治体への配慮といったかたちに結びつく。ただし，合併交渉はそれほどうまくいくわけではない。より広域的な合併を志向していても個別の交渉過程などで交渉枠組みから周辺自治体が離脱するケースも少なくない。周辺自治体が合併交渉のテーブルから離れたといって，中心自治体は編入合併を強要することはなかなかできない。そこで強要すれば，離脱する周辺自治体を増やすだけだからである。それよりも中長期的な視点から，新設合併という形式的な「名」を与えることで「対等合併」を演出したり，今回合併できなかった周辺自治体に自分たちは譲歩する用意があるとアピールしたりする方が得策である。市町村合併は，原則，飛び地合併はなく，将来的にも同じ周辺自治体と交渉するのだから，将来を念頭においた検討結果として中心自治体は譲歩すると考えられる。

　第二は，合併交渉のテーブルに着く気がない市同士が，両市の中間に位置する町村を奪い合う状況である。中間にある町村からより多くの支持を集めるため，競争している自治体よりも好条件を提示した結果，合併交渉での大幅な譲歩が出力されるのである。これはちょうど，政党が支持者を奪い合う構造に似ている。

　第三は，中心自治体となりうる自治体が「合併しなければならないのだが，周辺自治体になるのは嫌だ」と考えている状況であり，第二の状況の変形ともいえる。「このままでは周辺自治体にさせられてしまう」と感じた自治体が，自らよりも小規模な自治体に対し「小さくまとまろう」と合併を持ちかける状況である。ただし，話を持ちかけられた小規模自治体にとっては，比較的規模の大きい隣接市と合併するという選択肢もある。そのため，話を持ちかけられた小規模自治体は，話を持ちかけた自治体と比較的規模の大きい市，どちらの合併枠組みに参加するか天秤にかけることになる。そうすると，話を持ちかけた自治体にとってみれば，新設合併にするなど一定以上の譲歩を示す必要が発生する。すなわち，第一の状況では「中心自治体の方の戦略的行動が譲歩につながった」といえ，第二・第三の状況では「小規模自治体の

方に戦略的行動を採る素地があった」といえるのである。

本章の結果は,「平成の大合併」の事例を計量的に分析した城戸・中村 (2008) の分析結果とほぼ似た結果となっている。ただし,城戸・中村と若干違うのは,彼らが,「政治財政においてリーダーとなる自治体が明確な場合には,周辺の自治体がその合併へ引き寄せられる可能性が高まる」(城戸・中村, 2008:127) という結論を導き出しているのに対し,本章ではそれを肯定しつつも,回帰式で予測されたカテゴリーと実際が異なる事例を分析することで,「政治・財政においてリーダーとなる自治体が明確であるが故に,合併交渉から周辺自治体が離脱していく可能性」を指摘した。これらの事例は,計量分析的には外れ値なのかもしれないが,個々の事情が絡む合併過程を説明するにあたっては,こうした定量化しづらい部分にも光を当てるべきである[23]。

「中心自治体に譲歩するインセンティヴが存在している場合,合併交渉戦略が変化し,合併条件という出力に違いが生じる」という本章の分析結果は,合併中心市の条件提示[24]が合併を進める上で重要であったことを示唆している。中心自治体の合併に対するインセンティヴとそれに基づく行動(そして

---

(23) 城戸・中村 (2008) は,特例市への昇格に関するダミー変数がマイナスになる理由を,特例市に昇格しても移譲される権限は限られており,更に合併を進めようというインセンティヴに欠けるからと解釈しているが,この解釈は妥当ではない。特例市になることが絡むことによって,通常,周辺自治体のバーゲニング・パワーは増加する。なぜなら,特例市になるためのキャスティング・ヴォートを握れるからである。中心自治体にインセンティヴが欠けていたというよりも,「中心自治体の交渉態度に問題があったため,法定協議会が休止・解散に追い込まれた」といった方が実態に即しているのかもしれない。

(24) 佐々木 (2002) は,「合併中心市の役割」について,次のように指摘する。

　比較的影響力の大きい市が存在する地域での合併は,同規模の自治体同士が合併しようとする地域とは少し違う悩みをもっている。というのも,対等の立場での合併を望む地域において中心市が強いリーダーシップを発揮すると,周辺市町村から吸収合併だという批判が高まるからだ。かといって,何のリーダーシップも発揮しないと中心市は何をしているのかと叱られる。

(佐々木, 2002:108-109)

広域行政の経緯）も，合併交渉をまとめる重要な鍵となりうるのである。地方分権に伴う都市間競争といった側面も，また合併の交渉の出力を規定する要因の1つなのである。

　本章では，中心自治体の譲歩を合併条件に見いだし，定量的な分析を行ってきた。次章では，本章で中心自治体がより譲歩した合併事例である石川県白山市の合併交渉過程について事例分析を行い，合併交渉過程についてより深く考えてみることにしたい。

第3章

市町村合併の事例分析

―中心自治体の条件提示に注目して

I はじめに

　大幅な譲歩が行われた合併事例には，次のどれかに該当する特徴があると，前章で指摘した。

　①全国的な知名度を優先した事例
　②より広域な合併が構想されていたのにも拘わらず，合併規模が縮小していった事例
　③周辺に中心自治体候補が存在した結果，より譲歩が行われたと考えられる事例

　①の事例は，合併のインセンティヴを見いだすことができた事例といいかえることができ，②の事例は，第1章で指摘した「引き算型」の合併事例とみなすことができる。③の事例は，「足し算型合併交渉」と「引き算型合併交渉」の2つの側面があった事例とみることができよう。本章では，足し算型と引き算型が混合した合併事例について，石川県白山市成立過程における合併交渉を事例に検討を行うこととしたい。

II 「足し算型合併交渉」と「引き算型合併交渉」が複合する可能性

　「足し算型」と「引き算型」が複合した形になっている合併交渉の事例には，様々なものがあると思われる。中でも，もっとも起こりやすかったのは，図

3-1のような状況であったと思われる。A市が周囲のC町を取り込もうとし、C町と広域行政を一緒に行っているB市が、それを阻止しようとC町に対し合併を申し入れる事例である。A市には特例市等への昇格等のインセンティヴが存在し、B市には、広域行政の枠組みを壊されたくないというインセンティヴがあった場合、A市とB市がC町を巡って鎬を削ることになるという構図である。この事例では、A市がC町と合併できればB市は損をし、B市がC町と合併すればA市は損をするという「トレード・オフ」の関係が成り立っている。そして、C町が財政的な不安などで合併せざるを得ない場合、自らにとってより望ましい条件を提示した市の方と合併する（もしくは合併交渉に臨む）ことを選択する。

この構図は、ちょうど二大政党が政権獲得をめぐって競争する「選挙における空間理論（spatial theory of voting）」、とりわけ「近接性モデル」の議論に近い。合併という争点軸上、「Cの最適点にもっとも近い条件を提示している方が、Cの期待効用は高くなり、Cの支持を得る」と、いいかえることができるからである。すなわち、Cが合併交渉に参加する意思があり、かつ $|C-A|>|C-B|$ が成り立てば、CはBと合併交渉に臨むのである。

ただし、いくらCと合併したいからといって、Cの最適点まで譲歩することは、A・Bともに不可能である。なぜなら、通常、Cはできる限り合併し

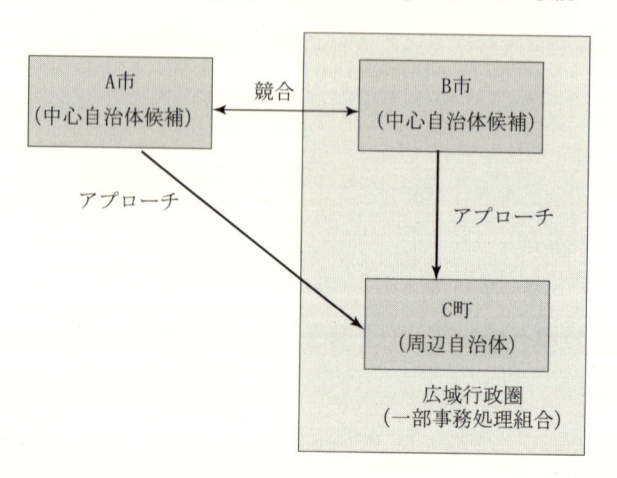

図3-1 「足し算型」と「引き算型」が複合する状況

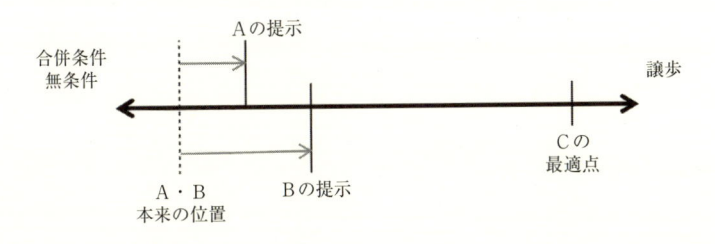

図3−2　合併条件提示を近接性モデルとして考えた場合

たくないと思っており，消去法としてAもしくはBとの合併を選択するからである。また，両市が提示できる条件は，基本的に，両市の住民がそれぞれ許容できる範囲内に止まらざるをえない。仮に，A市長がA市民の容認できる水準を超える思い切った譲歩案をC町に提示すれば，A市長はリコールに晒されかねない。リコール運動の発生はA市長にとって好ましくない事態であり，そのため，A市長がリスクを冒してまで思い切った譲歩案を提示することはない，と考えられる（図3−2）。

　そうすると，A，BどちらがよりCが望む条件を提示できるかが，こうした事例を理解する上での鍵と考えられる。すなわち，中心自治体間の競合関係が，合併時の大幅な譲歩を引き出す要因となると考えられるのである。

Ⅲ　事例分析：白山市の事例

1　合併の背景

　石川県白山市は，金沢市に隣接する松任市及び石川郡2町5村（美川町・鶴来町・河内村・吉野谷村・鳥越村・尾口村・白峰村）の新設合併によって発足した自治体である（図3−3）。松任市や，石川郡野々市町・鶴来町は金沢市の「ベッドタウン」的な性格を持ちつつも，広域行政では金沢市とは距離を置き，人口約15万人での「松任石川広域事務組合」を構成していた。

　前章の計量分析で明らかなように都道府県からの合併枠組みの提示は，市町村の合併交渉枠組みを規定する際の要素としてだけではなく，合併交渉の結果にも大きな影響を及ぼした。「平成の大合併」において石川県が提示したこの地域の合併モデルは，「松任市と美川町による合併」と「鶴来町と白山麓

図3－3　白山市合併に関わる市町村の位置関係と白山市を構成した1市2町5村の基礎データ

	人口 (人)	面積 (km²)	財政力 指数	経常収支 比率
松任市	65,370	59.93	0.70	94.5%
美川町	12,454	9.12	0.39	87.5%
鶴来町	21,477	35.64	0.59	82.7%
河内村	1,205	74.42	0.23	105.2%
吉野谷村	1,400	142.89	0.22	94.7%
鳥越村	3,154	74.15	0.15	96.7%
尾口村	731	137.52	0.49	97.8%
白峰村	1,186	221.5	0.13	90.6%

県提示モデルは、「松任・美川」「鶴来・白山麓5村」の枠組み
データ出所：白山市資料

塗りつぶし部分が白山市となった1市2町5村

5村」による合併であった。しかしながら、この地域の合併交渉は県の合併モデルとは異なる枠組みで合併交渉は行われ、最終的に1市2町5村の大同合併として、白山市は誕生した。図3－3でもわかるように、この交渉枠組み内での人口規模・財政力をみれば、松任市が「中心自治体」であった。松任市は、その人口規模・財政力を背景に強気の立場で合併交渉を進めることが可能であった。しかし、結果として松任市は、新設合併でかつ「松任」の名称を冠しない新市名「白山」を了承したのであった。その選択の背景には、政令指定都市化を目指した金沢市の動きがあった。

松任市と美川町の合併論議は、石川県からの働きかけによって始められたといってよい。とりわけ、手取川下流域に工場地域をもち、金沢市の「ベッドタウン」として人口増が続く松任市の立場は、「できれば合併したくない」というものであった。松任市長から、後に初代白山市長となる角光雄は、2005年9月5日に行った筆者のインタビューに対し、次のように回答している。

　　松任市は（能美郡）川北町に続いて（石川県で）2番目の財政力、自己財源はあったので市長になって2年ほど何もせず、借金をなくすよう努力してきた。だから（私は）合併の呼びかけには消極的だった。それを見ていて、池田保議長（松任市議会議長、当時）が『どうも合併に消極

的だな』と，私に言いに来た。消極的ではないけれども，私はまず松任の再生をしなくてはならないからと思っていた。だから，金沢市長が山に足を運ばれた時点，その頃から合併を考え始めた。

すなわち，白山市1市2町5村の交渉枠組みは，松任市が積極的に動くことから始まったのではなく，金沢市が隣接する野々市町および，鶴来町を含めた白山麓1町5村にアプローチをかけるという，いわゆる外圧によって生じたものだった。なお，これを図3-1のモデルに当てはめれば，A市に該当するのが「金沢市」，B市に該当するのが「松任市」，C町に該当するのが「白山麓5村（もしくは鶴来町を含めた1町5村）」となる。

2 合併の背景：金沢市が置かれていた状況

そもそも，石川県は，金沢市に対し合併モデルの提示を行わなかった。金沢市は既に地方分権の受け皿にふさわしい人口及び財政力を有していたし，中核市である金沢市がこれ以上大きくなると県の立場が相対的に低下するという県の都合もあったからである。更に，金沢市の中心市街地を大事にする傾向は顕著であり，そうした傾向は周辺市町村に「金沢とはできれば合併をしたくない」という雰囲気を醸成していた。これも，モデル提示がなされなかった理由の1つであった。

しかしながら，金沢市もまた外圧によって，市町村合併による規模の拡大を目指さなければならない状況に追いこまれていた。政令指定都市の要件が緩和され，新潟市が日本海側初の政令指定都市化にむけての合併交渉を進めたからである。政令指定都市には，日本を代表する都市という位置づけが与えられる。当時，日本海側には政令指定都市がなかったこともあり，新潟市の政令指定都市化は金沢市の相対的な地位の低下に結びつくものであった。金沢市は，都市間競争上，新潟市に対抗せざるをえなくなったのである。ただし，新潟市は長期にわたって合併交渉を行ってきた過去があった。たとえば，西蒲原郡黒埼町との合併には，10年以上の時間を費やしている。一方，金沢市の広域合併の議論には出遅れ感があった。過去の合併の因縁を越えられず，交渉の糸口さえつかめなかったのである。

当時，金沢市の合併戦略として，大きく2つの戦略があった。1つは，

1971年に設立された「石川中央広域市町村圏協議会[1]」をベースにし，合併に合意してくれる市町村を募る戦略である。この広域の協議会は，広域市町村圏計画の策定や圏域の交流を基本とするもので，この石川中央広域市町村圏協議会に所属する自治体の全てと仮に合併できれば，ほぼ指定都市の要件がクリアできた。ただし，この協議会は日常的な交流が見えにくいものであり，周辺自治体の住民へのアピール力は今ひとつであった。もう1つの戦略は，個別に合併交渉を行い，最終的に大きくまとまるというものであった。こちらは，合併相手の抱えている個別の案件に対応できるというメリットはあったが，その一方で手間がかかるというデメリットがあった[2]。結局のところ，金沢市は，隣接し人口5万人目前の野々市町と個別交渉する戦略を選択した。野々市町と仮に合併できれば，政令指定都市の法令要件である50万人をとりあえずクリアでき，「それをテコに合併を進めていけば，新潟に対抗できる」と考えたからであった[3]。

　しかしながら，金沢市からのアプローチに対し，野々市町，とくに町幹部の対応は冷ややかであった。2002年4月24日，川紘一金沢市議会議長が，井上昇野々市町議会議長に対し，合併に関する議会の間の意見交換の場をつくることを申し出たが，野々市町の井上議長は即座にこれを拒否した。金沢市からの合併申し入れを，野々市町だけを狙う「ストーカー」として門前払いしたのである。当時の安田彦三野々市町長も，「7，8割の町民が望むなら率先して汗をかく。しかし金沢のやり方は高圧的だ[4]」と述べている。

　野々市町は，金沢市の「ベッドタウン」として人口を急激に伸ばした町であったが，高齢で古くから野々市町に住んでいる住民の中には，金沢市との

(1) http://www.city.kanazawa.ishikawa.jp/kouikiken/ (2006年1月4日訪問)
(2) 都市間競争で負けないために政令指定都市を志向するという戦略は，他の中核市でもみることができる。金沢市は戦略的に後手に回った形となったが，熊本市でも同様な状況にあった（中村, 2006）。
(3) 金沢市が，野々市町との個別交渉を選択したことを，多くの者は一様に驚いたらしい。角は，「山出さん（金沢市長）は手堅さが持ち味であり，なぜ（かつて押野をめぐって対立した）野々市町との合併交渉に賭けるという，ばくちとも見える発想をしたのか，わからなかった」と当時を回想している。
(4) http://www.hokuriku.chunichi.co.jp/kaganoto/gappei/index1-5.shtml (2006年1月4日訪問)

合併に拒絶反応を示す者が少なくなかった。理由は，大きくわけて2つ考えられる。第一の理由は，「昭和の大合併」での遺恨である。野々市町は，「昭和の大合併」の際，中間にあった押野村をめぐって争っている。最終的に両市町の争いは，押野村が一旦金沢市に編入された後，住民投票に基づいて押野村の一部が野々市町に再編入することで決着した。野々市町の高齢者には，この40年前の先鋭な対立を覚えている者が少なくなく，こうした遺恨が金沢市への拒絶反応の根底にあった。

　第二の理由は，合併に対する金沢市の態度が横柄で気に入らないという点である。「昭和の大合併」以降，野々市町の「金沢市のベッドタウン」化が進む過程で，金沢市からの合併アプローチは何度もあった。しかし，当時の経緯を知る者の多くは，金沢市の交渉姿勢に口を揃えて「『全国ブランドの金沢に入れてやる』という雰囲気が言外から伝わってくる」と筆者のインタビューに回答している。金沢市の横柄な態度が「野々市は合併後に顧みられないのでは」という疑念につながっており，それが「金沢と合併したくない」という雰囲気を生み出していたのであった。

　更に，広域行政を「松任・石川」で実施していることや単独市制を目指すことも，金沢市との合併を拒否する理由の1つであった。

　2002年の金沢市と野々市町との合併論議は，結局，デッド・ロックとなる。同年6月13日，野々市町を交渉の場に引き出すため，山出保金沢市長と金沢市選出の県議会議員は揃って谷本正憲石川県知事を訪問し，野々市町との合併仲介を要請した。谷本知事は，安田市長に金沢市と協議するよう申し入れ，野々市町側は知事の顔を立てる形で協議の場には参加した。しかし，野々市町側は，知事の設定した交渉の場で「金沢市との合併はしない」という姿勢を明確に示したのであった。

　野々市町との交渉の目処が全く立たない中，金沢市の山出市長は，6月17日の金沢市議会において，現状を打開するため，白山麓1町5村（鶴来町・河内村・吉野谷村・鳥越村・尾口村・白峰村）に対し合併の申し入れをすることを表明した。当時，白山麓1町5村の合併交渉も暗礁に乗り上げており，野々市町と同じ石川郡の町村を取り込むことで，野々市町が交渉を拒む拠り所の1つになっていた「松任・石川」の広域行政の枠組みを崩そうと，試みたのである。

3　合併の背景：白山麓1町5村が置かれていた状況

　過疎・高齢化が進展していた白山麓5村は，全国各地の山村同様，地方交付税の削減や補助金の整理統合の影響等によって，周辺市町との合併は避けては通れない状況であった。図3-3に附随する表からわかるように，5村が自主財源で行政運営をすることは「三位一体の改革」の影響もあり，到底望めるものではなかった。とりわけ，スキー人口減少によるスキー場5収入の伸び悩みは，税収減とスキー場経営に対する赤字補填という形となって各村の財政を大きく圧迫していた。

　こうした共通項を抱えた白山麓5村であるが，当初は意識がばらばらであった。当時，白峰村の村長であった永井隆一によると，村長によっては「金沢からの申し出があれば金沢と一緒になった方がいい」という者もいれば，「松任・石川の枠組みで合併することを望む」という発言する者もいたという。ただ，これまでの5村の取り組みの経緯から，最終的には「合併するにあたっては，5村が共同歩調を採ること」を村長間の合意事項としたのであった。

　石川県から白山麓5村に対し提示された合併モデルの案は，鶴来町と合併する案（通称B案）であった。また，その枠組みが難しいようであったら，野々市町との合併も視野に入れるという案（通称C案）が提示された。白山麓5村の村長は，これらの案とは異なる枠組み（広域行政を基本とする案）を，2002年1月16日，合併パートナーとして県が指名した鶴来町に申し入れたが，鶴来町の意向もあり，まずB案による検討が行われた。図3-3でわかるように白山麓5村は鶴来町を経由しないと，金沢市や松任市にアクセスすることはできず6，隣接で合併するという市町村合併の原則に従えば，まず鶴来町の意向を優先しなければならなかったからである。

　B案に基づき，1町5村の助役・担当課長による合併研究会の発足（2002年1月30日）があり，それを経て，「白山ろく5ヶ村広域行政推進協議会」の

（5）　なお，スキー場には観光資源という側面と，克雪対策（除雪の効率化）という2つの側面がある。後者はしばしば見落とされがちであり，スキー場廃止が容易ではない1つの原因ともなっている（河村，2009）。

（6）　金沢市と河内村は山間部で隣接しているが，両市村をつなぐ一般道は未整備であった。

合併部会は立ち上がることとなった(同年4月25日)。鶴来町と白山麓5村の間での合併交渉は，難航を極めた。加賀一宮の門前町である鶴来町には明治以前からの商人気質があり，様々な面で損得勘定に敏感な地域であった。そうした経緯もあるのであろう，鶴来町は財政の健全性に非常に配慮する雰囲気があった。そうした損得勘定に対する鶴来町の姿勢は，白山麓5村が存続を望むスキー場の運営を精査するという要求に結びついた。鶴来町は，合併交渉を進める重要な案件として，各村に対してスキー場の収支に関する情報開示を強く迫ったのである。鶴来町の立場からいえば，「スキー場の存続に，鶴来の税金を投入したくない」という本音があり，鶴来町の住民の世論形成上，収支の状況把握は，鶴来町幹部にとって必要不可欠であった。

　各村から出された資料を精査した結果，鶴来町長である車幸治は「スキー場の赤字は，鶴来町の財政力ではまかないきれない」と判断し，またスキー場経営の一部に不明朗な会計処理があることをもって，「スキー場の縮小ないしは精算ができない限り，合併は難しい」と各村に回答した。車町長の条件提示は，白山麓5村にとって快諾できるものではなかった。スキー場で生計をたてている住民からの反発が必至だからである。ただし，村の今後に責任ある立場にある村の幹部たちは，鶴来の条件提示がもっともであることも理解していた。鶴来町側からの条件提示によって，5村の幹部は，鶴来町と村民の間で板挟みとなったのである。

　当時，鶴来町の幹部は，B案による合併交渉が八方ふさがりになることを十分に認識していた。「地方のことは地方で」という地方分権といった流れは今後も変わらないだろうし，地方交付税も徐々に削減されていくことは目にみえている。そうなれば，いつかは白山麓5村との合併は不可避になる。白山麓5村と合併するのであるならば，優遇措置がある間に合併したいが，鶴来町の財政能力では白山麓を支えきれないことは，目に見えていた。また「鶴来の税金で山(山麓5村)を救済する」という町民からの不満を回避しなくてはならないという，頭の痛い問題もあった。そうした鶴来町にとって，最悪のシナリオであったのは，鶴来町の頭ごなしに「金沢市もしくは松任市との間で，5村が飛び地合併の交渉を進めること」であった。もし「飛び地合併」が現実になれば，鶴来町は否応なく金沢市もしくは松任市に吸収されかねないからである。

スキー場をめぐる問題が，B案による合併を難しくしたのであった。

4　松任市の態度変化と1市2町5村の合併枠組みの形成

　山出保金沢市長が局面打開のために白山麓1町5村に合併の申し入れを行ったことは，松任市の幹部に大きな衝撃を与えた。松任市長であった角光雄は，2002年6月17日の松任市議会定例議会で，金沢市の行動に対して不快感を表明する一方，金沢市の行動に対する対抗策を即座に打ち出した。金沢市からの合併申し入れによって，鶴来町との合併交渉に手詰まり感があった白山麓5村の中に「選択肢が増えて結構[7]」という雰囲気が醸成されることを嫌ったからである。

　山出市長は県議会に対し野々市町との合併交渉への協力を要請した直後，白山麓各町村をそれぞれ訪問し，趣旨説明と合併の申し入れを行った。金沢市長自らが合併要請をするという「譲歩」をみせたことによって，当事者意識のなかった松任市は更に危機感を募らせた。松任市としてみれば，白山麓と金沢市の合併は，これまでの広域行政の再編が不可避である。それだけではなく，広域行政の再編によって，将来的に否応なく松任市が金沢市に吸収されてしまう環境も整いかねない。そこで角市長は，松任市議会の市町村合併特別委員会の席上，「石川郡の全町村と対等合併する用意がある」と表明し，松任市の条件を提示したのであった（6月25日）。角市長の表明した対等合併での合併申し入れは，「松任市は白山麓の各村々と対等な形で合併論議を進めたい」という意思表示であり，松任市側に白山麓を引きつける上での重要な条件であった。松任市の提示した条件は，人口50万弱の金沢市が，人口3万程度の1町5村と対等合併することはできないことを十分見越した上で出されたものであったのである。

　また，松任市長の対等合併表明は，既に県提示モデルで松任市との合併が既定路線とされていた美川町にとっても，交渉の余地が広がるものであった。仮に県提示モデルに沿って交渉していれば，編入合併になる可能性が高かったからである。更に，合併交渉で手詰まり感があった鶴来町にとっても，松任市の意思表明は朗報となった。車町長が最初から金沢市との合併は望んで

　（7）『北國新聞』2002年6月16日。

いなかったからである[8]。

　角市長の対等合併の表明を受け、野々市を含む松任・石川郡1市3町5村議会はすぐに行動を起こした。金沢市との交渉をさせる時間を与えない迅速さであった。松任側の合併申し入れに対し、鶴来・美川の両町はこの申し入れに即座に同意した。ただ、金沢市の提案に魅力を感じている者も少なくない5村は意見の統一ができておらず、態度保留を選択した。7月5日、角市長は3町5村の首長に合併を正式に申し入れ、7月15日には合併推進室を設置するなど、白山麓を視野に入れた広域合併へ、松任市は積極的な対応策を採り始めていった。

　結局のところ、金沢市の白山麓へのアプローチは、「やぶ蛇」であった。金沢市のアプローチに対抗するべく行った松任市の「譲歩」によって、松任市・美川町・鶴来町の間で連携が強まってしまったからである[9]。この段階で、白山麓が手にしていた選択肢は、次の4つであった[10]。

①飛び地合併でも金沢市と合併する
②B案（1町5村）で合併する
③金沢市との合併を選択し、鶴来を説得する
④松任・美川・鶴来の呼びかけに応じ、広域行政の枠組みで合併する

　①は魅力的であったが、飛び地というのがネックであり、また金沢市が鶴来町と5村が一体で合併することを望んでいたこともネックであった。鶴来

（8）当時、松任市の秘書課長を務め、その後、松任・石川広域合併協議会の事務局長に就任した束田宗一は、当時の鶴来町幹部の様子について、「鶴来町の幹部は、松任市が対等合併の話を持ちかけてくることを手ぐすねひいて待っていた」と回想している。

（9）なお、野々市町を含めた3町5村への合併申し入れはポーズであって、野々市町は単独市制を志向するが広域行政の枠組みを変更しないことを事前に明確にしていた。枠組みに参加しないことは、最初から折り込み済みであったという。

（10）角市長が白山麓にはじめて出向き、合併の申し入れを行った際には、「『5村で合併する』という選択肢もないわけでない」という回答があったという。

町は，金沢市と合併すれば人口比の違いから発言力が大幅に低下するので，松任市との合併に傾いていたからである。②はスキー場の削減等の条件をのまなければならない点がネックであった。③も鶴来町の雰囲気からみれば不可能であった。

　8月29日，白山麓5村は，村長と正副議長による意見交換会を開き，「最後になると予想される鶴来町長選が終了する12月までには合併の枠組みを決定する」と決議した。金沢との合併に否定的な立場を採る車町長が再選されるかを見極めてから，結論を出すことにしたのである。それまでの間，白山麓5村の村長と正副議長は，角松任市長と会談して「対等合併」の意思確認をする一方 (10月15日)，山出市長との懇談を行い金沢市の提示する条件を確認した (10月21日)。更に，白山麓5村は，10月22日開催の「白山ろく5村合同市町村合併フォーラム」以降，村民に対し合併枠組みについての意向調査も実施した。各村の調査結果では，「松任・石川」の枠組みが村民の中で大勢であることが，数値で明らかになった。

　11月17日，鶴来町長選において，車町長が新人候補に8,000票もの大差をつけて再選を果たし[11]，鶴来の松任との合併は決定的となった。当選直後の記者会見において車町長は，合併を「松任・石川」に絞る方針を明確に表明した。そして，11月26日，東京で行われた石川郡3町5村の町村会懇談会において，5村に対し「12月5日までに合併の結論を出してほしい」と要請した。12月4日，車町長は金沢市からの合併要請を断り，一方，松任市に対し合併枠組みを受諾することを正式に通知した[12]。翌5日には，村山一美鶴来町議長とともに記者会見を行い，1市2町5村で合併を進める意思表明を行った。竹内美川町長も1市2町5村の枠組みを受け入れる方針を松任市に正式に回答し，白山麓5村も，12月10日，各村長・議長が金沢市役所に出向いて合併の申し入れを断る意向を伝える一方，松任市役所に出向いて枠組み受諾の回答を行った。

　こうして，この1市2町5村で松任・石川広域合併協議会が形成されることになり，新市にむけての合併交渉が本格的に開始されることになったので

---

　(11)　『北陸中日新聞』2002年11月18日。
　(12)　「広報　つるぎ」No.564　市町村合併特集号。

ある[13]。

5 新市名称が「白山市」となる過程

　松任・石川広域合併協議会では，特例法の期限が迫っていることもあり，他の協議会同様，政策的課題や料金体系の整理などの多くは先送りとされた。この協議会の中で重要案件となっていたのは，次の3点であった。

　第一は，前出のスキー場問題である。このスキー場問題は，「合併特例交付金2億5000万円を有効に使う」「各村の繰上げ需要を見直す」「5つのスキー場で赤字を10億に抑える」という合意はみたものの，継続課題として新市に引き継がれることとなった[14]。

　第二は，住民と行政との距離感を如何に保つかという問題であった。図3-3でわかるように，白山市は「白山の頂上から日本海まで」極めて広大であり，また都市部から過疎の山村までを包括していることもあり，それぞれの市町村によって行政との関係は非常に異なっていた。そのため，総合支所方式の採用や地域審議会の設置などが合意された。また，住民と行政との距離感について一番問題となったのは，議員特例をどうするかであった。定員特例もしくは在任特例を準用すると，総勢100人近い議会が誕生する可能性

---

(13)　「穏健」「慎重」が政治スタイルであった角市長の決断は，

　　①白山麓と合併するコストを支払ってでも合併した方がメリットはあると判断できる材料が揃っていたこと，
　　②1市2町5村の中に金沢市とは合併したくないという空気が非常に強かったことを認知できていたこと，

に裏打ちされていた。しかし，山麓の村々と合併することに消極的な声は松任市内に少なくなかったのにも拘わらず，彼が合併になみなみならぬ覚悟で臨んだのには，上記の理由以外に，農家出身であることによる彼の水源確保への思いもあったといわれている。角市長は周囲に「松任平野の水をもらうのに，金沢（市）にもらいに行くわけにはいかない。（上流に）金沢（市）の水門ができては困るよ」と語っていたという。

(14)　なお，その後の白山市のスキー場問題については，河村（2009）などを参照。

があったからである。これに関しても最終的には，「新市の議員定数は28名とするが，当初の議員定数を35人（法定上限数より1多い数）とし，第1回目の選挙では各市町村で選挙区を設けて選挙を実施する」「在任特例は利用しない」といった形でなんとか妥協をし，合意にこぎ着けた。

そして第三が，新市の名称であった。前章で指摘したように，新市の名称をどうするかは基本的に先送りできない事項である。前章の分析でみたように，人口規模と財政力からみれば「松任」になるのが順当であろうが，そもそも合併が金沢市の白山麓への合併申し入れからはじまっていることに加え，議員定数などで白山麓5村に譲歩を強いたこともあり，新市名が「松任」になる可能性は極めて低かった。そのため，当初，新市名は石川郡での大同合併であるため，「石川市」「いしかわ市」が有力な候補とみられていた。新市名を選定したのは，「新市名称等に関する委員会」である。委員会は，第1次選定として公募された新市名案から「いしかわ」「加賀石川」「新石川」「手取」「手取川」「手取野」「はくさん」「白山」「南金沢」を選定した。そして，第2次選定では，第1次選定で残った9つを5つに絞り込んだ。残ったのは，「いしかわ」「新石川」「手取」「手取川」「白山（はくさん）」である。第3次選定では，委員会の無記名投票によってこの5つから1つの名称を選び出し，新市名称案として協議会に報告された。報告された新市名は「白山市」であった。

白山市が選択された理由は，いくつかあるといわれている。沖縄県に既に「石川市」が存在しており，「同一名称を回避したい」という思惑が委員の中にあったことが1つの有力な理由である。石川市は，松任・石川広域合併協議会が「白山市」に名称を決定した後，具志川市などと合併し「うるま市」となるのだが，茨城県鹿嶋市が「鹿島市」の使用について佐賀県鹿島市からクレームを受けた事例もあり，クレーム回避という点から「白山市」に票が入ったというのである[15]。もう1つの有力な理由は，当時，協議会の委員の

---

(15) 「平成の大合併」での唯一の例外は「伊達市」である。「伊達市」の名称は，北海道伊達市が用いていたが，

　①北海道の伊達の地名の由来は仙台藩の入植によるものだったこと，
　②福島県伊達郡町村から，仙台藩伊達氏の本貫の地である伊達郡が大

中で「白山の頂上から（手取川の）河口まで」という言葉が共有されていたため，「白山市」が選択されたというものである。白山は古くから山岳信仰の中心地であり，白山比咩神社の末社も全国にあることから，「白山」という名称は全国的に知名度が高い。また，白山は地域のシンボルである。そうした目に見えるシンボル名を採用することで，合併交渉のコストを下げるとともに，新市での地域対立の抑止をはかりたいという願望が反映されたというのである。

Ⅳ 議論

白山市の合併交渉の事例を，図3－1に当てはめると，次のようになろう（図3－4）。そして，白山市成立過程における各自治体の関係を整理すると，表3－1の様になる。

図3－4　図3－1を白山市の合併事例に当てはめた場合

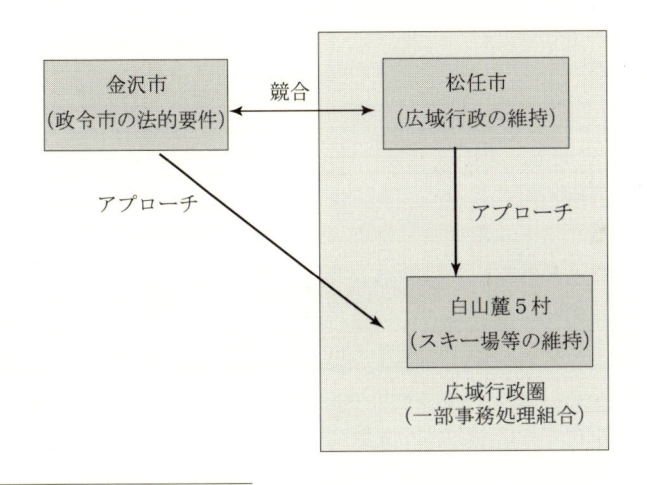

```
┌─────────────┐    競合    ┌─────────────┐
│   金沢市    │ ←――――――→ │   松任市    │
│(政令市の    │            │(広域行政の  │
│ 法的要件)   │            │   維持)     │
└─────────────┘            └─────────────┘
       ＼アプローチ              │アプローチ
         ＼                      ↓
           ＼            ┌─────────────┐
             ＼――――――→│  白山麓5村  │
                        │(スキー場等の│
                        │   維持)     │
                        └─────────────┘
                        広域行政圏
                        （一部事務処理組合）
```

同合併により形成されたことを斟酌してほしいと働きかけたこと，③北海道伊達市側も周辺自治体と合併交渉を抱えており名称が変わる可能性があった，

などから「伊達市」の使用が認められた。なお結果として，北海道伊達市の名称変更はなかったため，伊達市は北海道と福島県に存在することになった。

表3−1　各市町村の合併のインセンティヴと合併論議のきっかけ

	合併のインセンティヴ	合併論議のきっかけ
金沢市	政令指定都市化	新潟市の政令指定都市形成の動き 野々市町との合併交渉の難航
鶴来町	将来の救済合併を回避	白山麓5村からの申し入れ、 県がモデル案を提示
白山麓5村	財政破綻回避・スキー場対策からの解放	地方交付税の削減等、国の施策
松任市	広域行政の維持 将来における金沢市への編入合併を回避	金沢市の白山麓への合併申し入れ

　白山市の合併交渉過程のそもそもの発端は，新潟市の政令指定都市化にむけた動きであり，それに触発された金沢市の動きであった。白山麓5村に金沢市が合併を申し入れた理由は，野々市町との間で難航する合併交渉を何とかしたいという思いであったが，中核市である金沢市の働きかけは，松任市に広域行政の維持という合併インセンティヴを喚起したのであった。金沢市に対抗するため，松任市が提示した条件は「新設合併」であった。そして，合併枠組み確定後の合併交渉でも，その経緯から新市名には「松任市」を使わない形で議論が進んだのである。金沢市が，編入合併を想定していたことへの対抗であった。

　松任市側が対等合併を宣言した際，金沢市が対等合併を宣言することも不可能ではなかった。しかし，金沢市は対等合併宣言をすることはなかった。なぜなら，対等合併を宣言しても，本命である野々市町が合併交渉に応ずる見込みは，皆無であったからである。更に，金沢市民の多くは，白山麓との合併に関して消極的ないしは無関心であった。冒頭に述べたように，周辺市町村に対する大幅な譲歩は，首長の決断もさることながら，中心自治体の住民の許容があって初めて可能になる[16]。2つの中心自治体候補が条件提示をしあう環境では，「中心自治体のそれぞれの住民の許容」と「競合相手をどの程度ライバル視するか」という変数に大きく左右されることを，白山市の事例は示している。

　中心自治体候補が競合する事例は，前章であげられた合併事例のいくつかでも確認できる。たとえば，富山市の事例では，富山市と魚津市が両市の間

---

(16)　もちろん積極的に合併の意義を住民が見いだす場合もあるが，住民が反対しないという消極的な許容の方が多数派であろう。

にある滑川市に対して合併を申し入れているし、高岡市の事例では、高岡市は小矢部市と隣接する福岡町をめぐって争っている。富山市の事例では、最終的に滑川市が自立を選択し合併には至らなかったが、高岡市は「新設合併」という譲歩を示して福岡町との合併を達成した。

「平成の大合併」が一段落した今日でも、2都市が中間の町村に条件を提示し合う事例は、いくつか確認できる。たとえば、世界遺産登録で注目される西磐井郡平泉町（岩手県）をめぐる奥州市と一関市の駆け引きは、その一例である[17]。図3－1中、Cに該当するのが「平泉町」であり、胆江（胆沢郡・江刺郡）合併で誕生した「奥州市」がAに該当し、両磐（東磐井郡・西磐井郡）合併で誕生し、平泉町と一関地区広域行政組合を形成している「一関市」がBに該当する。

すなわち、Cが観光資源や産業資源等を有している場合、AやBにCと合併するメリットが発生する。Cは将来の行政運営に向けて不安があれば、合併交渉に参加しようとするが、不安がなければ合併しない。仮にCが合併交渉に臨むことを決定した場合、Cが合理的に行動する存在であれば、Cはより有利な条件で合併しようとするだろうし、よりよい条件をAとBに働きかけることになる[18]。

ところで、白山麓の意思決定において、キャスティング・ヴォートを握ったのが鶴来町であった。このことは、合併交渉において地理的な位置もキャスティング・ヴォートを握る重要な要素であることを示している。

---

(17) 平泉町は西磐井郡に属していることもあり、広域行政的には一関との結びつきが近く、現在の一関市を構成している市町村とともに、両磐地区合併協議会（平泉町などが離脱したため解散）を形成していたこともある。しかし、平泉町のもつ観光資源を考えると、北隣の奥州市としても平泉町と合併するメリットは大きい。そのため、奥州市の相原正明市長は2008年8月21日に平泉町町役場を訪れ、合併の申し入れを行っている。報道によると、一関市としては過去の破談の記憶があるため慎重な姿勢をとってはいるが、平泉に対する奥州市のアプローチに対して対抗する用意はあるという。『岩手日報』2008年8月22日。

(18) 「平成の大合併」を論じた文献の中で、Cが条件をつり上げる可能性を学術的に論じた報告は、筆者の知る限り存在しない。「平成の大合併」は時間的な制約があり、Cの駆け引きが見えにくかったのが理由であろう。

V　今後の検討課題

　ところで，松任市の代表として大きな決断を下すことになった角であるが，彼自身は「金沢市の政令指定都市化自体には反対ではない」とインタビューに答えている。今後の地方分権の流れを考えれば，金沢市の都市機能の強化は必須だからである。「もし金沢市が周辺の自治体に温かい目をむけ，対等だという意識で合併交渉を行っていたら新潟のように大合併できたかもしれない」と，彼は述懐している。角の述懐は，市町村合併が，「合併によって得られる期待効用」と「合併相手に対する感情」の複合要因によって決定される可能性を示唆している。

　仮に，合併を申し込んだ自治体Aの条件をθ，合併を申し込んだ自治体Bの提示した条件をψとおき，自治体Cの最適点をXとすると，Aの条件による効用は$\sqrt{(X-\theta)^2}$，Bの条件による効用は$\sqrt{(X-\psi)^2}$と置くことができる。ただし，「昭和の大合併」の時の振る舞いや広域行政を通じての横柄な態度は，自治体Cの住民の感情に対してマイナスの影響を与えることになり，Cの住民の効用計算に影響を与える可能性がある。すなわち，期待効用が，当該自治体に対する感情で割り引かれてしまう可能性は否定できない。合併を提示したAに対する感情Eを加味すると，モデルは$\sqrt{(X-\theta)^2} \times E_A$，（または$\sqrt{(X-\theta)^2 + (E_A)^2}$）と表現できる。投票行動における心理要因による割引は，小林(1997)のダイアメトロス・モデルなどで実証分析が行われており[19]，合併交渉への応用が可能ではないか。

　本章では，白山市の合併過程を「足し算型合併交渉」と「引き算型合併交渉」の複合する事例として検討してきた。合併枠組みが交錯する合併事例では，中心自治体間の条件提示競争となる可能性が少なくない。そうした事例では，周辺自治体であっても，条件をつり上げることで強い交渉力を持つ場合もある。合併交渉の枠組みによって中心自治体からの譲歩が変化する場合があることは，交渉相手が限られる市町村合併の1つの特徴なのかもしれな

---

(19)　ダイアメトロス・モデルは，選挙における争点の軸上における自分の最適点とある政党の提示する政策の距離の間の差の2乗と，当該政党に対する心理的な距離の2乗の和からなる対角線を測定した変数をモデルに組み込んだものである（図3-5）。

い。

図3－5　ダイアメトロス・モデル

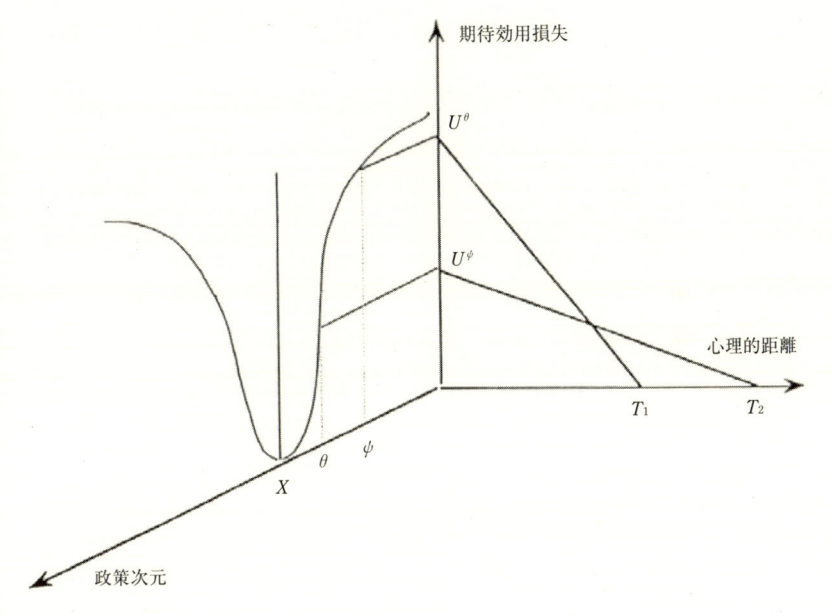

出所：小林（1997）

第4章

民意が食い違うことになる背景と「合併」という争点の特徴

I はじめに

　市町村合併は，自治体の行財政基盤の充実と自立能力の向上を促し，「自立し得る自治体」となって，住民の選択と負担による住民本位の市町村を中心とする行政システムを実現するために不可欠な改革である。

　これは，『市町村合併の協議の進展を踏まえた今後の取組（指針）（2002年3月29日　総務省）』の冒頭の文章である。これを読むと，国にとって「平成の大合併」は，「住民が自ら治める」環境を整えるための行政システム改革の1つであり，更にそれは，「住民の選択によって進められるべき」と位置づけられていることがわかる。市町村合併は，行政サービスの質・量の変更や住居表示の変更など，住民生活の一部に影響を与える政策であるから，「住民の意向で合併論議は進められるべき」というのである。
　しかし，「平成の大合併」では，首長と議会それぞれが「住民の意向・民意を示しているのは自分である」と主張し，合併交渉がまとまらず膠着状態に陥った自治体が数多くみられた[1]。首長は自らの当選を「住民の意向・民意」としてとらえ，議会の多数派は自らの比率を「住民の意向・民意」としてと

（1）　高柳（2003）は，具体的な事例から「首長選挙は民意を反映していない」と問題提起するが，間接民主制を前提とする現行の制度下において，高柳の主張は極端な意見であるといわざるをえない。

らえ，両者が食い違った結果，意思決定の過程が膠着状態に陥ったのである。いくつかの自治体では，膠着した意思決定過程を打開するために両者で妥協点を模索し，またいくつかの自治体では，住民に直接賛否を問う「住民投票」「住民アンケート」を実施した。

すなわち，市町村合併で登場する「住民の民意（もしくは意向）」は，次の3つとなる。

①首長選挙の結果
②議会の勢力分布
③住民投票・アンケート等で得られた有権者の意見分布

「市町村合併」という争点に限らず，住民の意向を最も反映していると考えられるのは，住民が直接判断を下した③である。しかしながら，住民投票といった直接参加の方法は，日本の地方自治の制度ではあくまでも「従」として位置づけられている。そのため，日常的な意思決定では①や②を民意として扱っている。「平成の大合併」では，これら3つの民意が錯綜し，各地で様々なドラマが生まれることとなったのである。

II 民意が食い違うことになる背景

1 二元代表制

それでは，なぜ①と②，もしくは②と③の間でずれが発生してしまうのであろうか。それには様々な理由があるが，二元代表制（長－議会制 Mayor-Council System）が採用されていることが，最も大きな要因と考えられる。

日本では，中央の政治制度として，国民の選出した議員から構成される国会が国権の最高機関として位置づけられ，内閣は国会に対して一体として責任を負う「議院内閣制」が採用されている。国会は立法府，内閣が行政府にあたり，そして，行政府の長である総理大臣は，国会の指名によって天皇が任命する仕組みが採用されている。議院内閣制では，立法府における多数派が組閣することが基本であるので，立法府の（多数派の）意向と行政府の意向のずれは，極めて小さくなる。そのため，行政府が提案する案件が立法府

で了承される確率は，極めて高くなる。その一方で，「首相公選制[2]」を採用しない限り，行政府の長である総理大臣の選出に，国民は直接関与することはできない。議院内閣制のこうした特徴は，国民の意思よりも，政府与党内の政治力学が優先される状況をしばしば生みだす。

一方，日本の地方自治制度では，行政の執行機関としての首長と，議事機関としての地方議会が置かれ，首長及び地方議会議員は住民の直接選挙によって選出される仕組みが採用されている。そして，首長と議員は，ともに住民に対し直接責を負うことが求められている。行政の責任者である首長は「地方自治体を代表する存在」と位置づけられ，公職選挙法によって，全自治体を1区とする選挙区選挙によって選出される。地方議会も，住民からの支持を得て当選する存在であるが，地方議員は，全国一律の公職選挙法の規定により，「単記非移譲式投票方法(Single Non-Transferable Voting system, SNTV System)」によって選出される。そして，市区町村議会議員選挙（政令指定都市を除く）では，原則，全自治体を1区とする選挙区から，当選者が複数選出される仕組みとなっている[3]。

議院内閣制下では，議会の多数派が内閣を組閣するため，内閣の意向（行政府の意向）は議会与党の意向（立法府の意向）とほぼ同じ方向性を持つ。しかしながら，二元代表制下では首長と議会の間で意向のずれが，しばしば起こる。

一般的に，首長の意向は住民の意向とみなされる傾向にある。それに対し，地方議会では，地方議会の多数派の意見が住民の多数派の意見として扱われる。かつての革新自治体における「革新首長」対「保守議会」という構図や，「平成の大合併」でみられた「合併推進を志向する首長」と「合併に反対する議会」という構図は，首長の意向と議会の多数派の意向のずれによって惹き起こされたものということができよう。

（2） 首相公選制の議論については，大石他（2002）が詳しい。首相公選制は，かつてイスラエルで実施されていたが，現在は廃止されている。
（3） 公職選挙法第15条により，市町村は「特に必要があるときは，その議会の議員の選挙につき，条例で選挙区を設けることができる」とされており，市町村合併直後の議員選挙ではこれに基づき，選挙区が設置された。

2 選挙制度を起因とする首長と議会多数派の対立

　原則，首長選挙では，1人区制の投票で相対多数を獲得した者が当選者となる。一方，地方議会議員選挙は，複数人区制・単記非移譲式投票で行われており，得票数上位の者から当選が決まる方法を採用している。こうした制度下で当選するための十分条件は，首長選挙では$\frac{有権者数}{2}+1$票を獲得することであり，地方議会議員選挙では$\frac{有権者数}{議員定数}$票を獲得することである。自治体から1人しか選ばれない首長の十分条件は，人口が多くなればなるほど高くなる。一方，地方議会の定数はある程度人口比例で定数が決められているので，十分条件の上昇具合は首長のそれに比べ緩やかになる（第7章参照）。このことは，首長に当選するためには，自治体の幅広い層から支持を獲得する必要があるのに対し，地方議会議員に当選するには，一定の規模を超える集団からの支持さえあれば当選できる，という違いがあることを示している。

　具体的に考えてみよう。合併問題で，もめている村があるとする。その村は，住民（＝有権者）がちょうど1,000人，村議会議員定数が9名だったとする。そして，この村で村長選挙と村議会議員選挙が同時に行われたとし，首長選挙では，合併に対して賛成派（A）と反対派（B）のそれぞれが1名の候補者を擁立し（Ma, Mb），村議員選挙ではそれぞれが6人ずつの候補者を擁立した（Ca^n, Cb^n）とする。そして，この選挙において，すべての住民が自らの争点態度に基づいて投票を行ったと仮定する。また，住民の意見分布は賛成650，反対350とする。この場合，選挙結果はどうなるのであろうか。一般的な予想では，賛成派の村長が誕生し，賛成派多数の議会が誕生するはずである。しかし，必ずしもそうなるとは限らない。選挙の結果，表4－1のような結果になる可能性があるからである。

　まず村長選挙であるが，すべての住民は争点に基づいて投票するとするならば，村長選で当選する候補者はMbではなく，Maとなる。しかしながら，賛成派が住民の多

表4－1　民意がずれる極端な例

	合併賛成派		合併反対派	
住民の意見分布	A	650	350	B
村長候補の得票	Ma	当650	350	Mb
地方議員候補の得票	Ca^1	当225	当64	Cb^1
	Ca^2	当178	当62	Cb^2
	Ca^3	当115	当60	Cb^3
	Ca^4	51	当58	Cb^4
	Ca^5	48	当54	Cb^5
	Ca^6	33	当52	Cb^6

数派であるからといって，地方議会で賛成派が多数派になるとは限らない。もちろん，賛成派が議会の多数派となる確率が圧倒的に高いのは，事実である。しかし，票割り次第では反対派が多数派になる可能性もあるのである。すなわち，投票制度として単記非移譲式投票（SNTV）が採用されている地方議会では，賛成派の得票が特定の候補者に集中し，一方，反対派が票割りによって集票コントロールをした場合，反対派が多数の議会が誕生する可能性があるといえるのである。

　このような状況では，合併賛成派の村長が，法定協議会設置の議案や合併関連議案を議会に提出しても，議会が否決する可能性が非常に高い。そして，村長，村議会多数派はどちらも「私たちが民意」を主張しあう結果，村としての意思決定ができない「デッド・ロック」の状態に陥るのである。

3　選挙期日のずれを起因とする首長と議会多数派の対立

　選挙期日が異なることも，首長と議会の対立を生む要因になる。公職選挙法により，両者の任期は当選から4年と定められているが，今日では，両者の選挙期日が一致している地方自治体はかなり少数である。たとえば，2007年の統一地方選挙で議員選挙を実施した政令指定都市は17市中14市（82.4%）であるが，市長選挙を実施した政令指定都市は3市（17.6%）に過ぎない。一般の市町村でも，統一地方選挙で議員選挙を実施したところは40%を超えたが，首長選挙を行ったところは20%にも満たない[4]。そのため，直近の選挙結果の方が「現在時点での住民の意向」として取り扱われることが，しばしば起こる。具体的な事例で考えてみよう。

　NIMBY（Not In My Back-Yard）施設の建設でもめている村があるとする。過去の経緯から，この村の村議会選挙と村長選挙の間に1年のずれがあるとしよう。村議会選挙のt時点では，NIMBY施設の建設に賛成の住民が多く，それを受け，議会の多数派が賛成派になったとする。しかし，次の村長選（t＋1時点）までの間に，他の自治体で同型のNIMBY施設で大きな事故が起こった場合はどうなるか。おそらく，賛成派の住民のかなりの部分が意見を

　（4）　http://www.soumu.go.jp/senkyo/pdf/h19_touituchihousenkyo.pdf（2007年2月15日訪問）

図4-1 選挙期日によるずれ・対立の発生例（1）

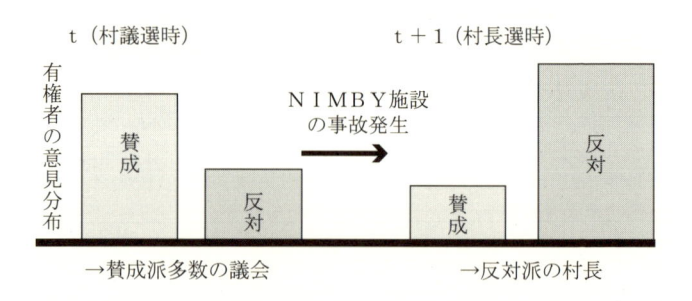

t（村議選時）　　　　　　　t＋1（村長選時）

有権者の意見分布

NIMBY施設の事故発生

→賛成派多数の議会　　　　→反対派の村長

反対に替えることになるであろう（図4-1）。

　住民の基本的な意見が大きく替わってしまえば，村長選挙の結果にも大きな影響が発生する。住民の多数が「反対」になることで，村長選挙では「反対派」の村長が当選することになり，結果として，住民の多数派が「賛成」であった頃に選ばれた村議会と，住民の多数派が「反対」になった後で選ばれた村長で，主導権争いが発生することになる[5]。

　また，自治体の合併やニュータウン建設などによって，住民の構成が前回

図4-2 選挙期日によるずれ・対立の発生例（2）

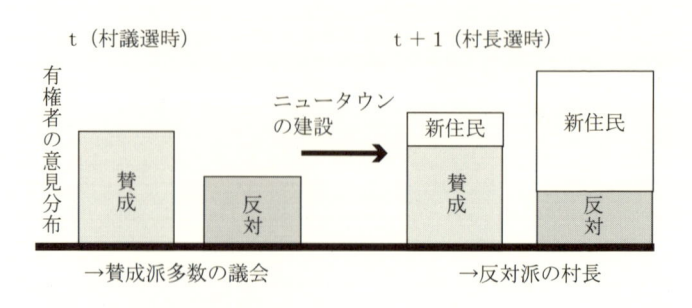

t（村議選時）　　　　　　　t＋1（村長選時）

有権者の意見分布

ニュータウンの建設

→賛成派多数の議会　　　　→反対派の村長

（5）　首長と議会で意向が対立している際，首長が民意を問うとして一旦辞職し，選挙に再出馬する事例をしばしばみかけるが，これは，「直近の選挙結果が有権者の意向である」という認識が首長自身にあることの証明といえるであろう。

の選挙時とは大きく変化した結果，両者のずれが発生する場合もある（図4－2）。

4 有権者の投票基準の違いを起因とする首長と議会多数派の対立

　首長と地方議会を選ぶ基準も，首長と地方議会多数派の対立を生む原因となる。

　日本の選挙は，基本的に，衆議院議員選挙と参議院議員選挙の2つの国政選挙と，都道府県知事選挙と市区町村長選挙，都道府県議会議員選挙と市区町村議会議員選挙の4つの地方選挙から成り立っている。この6つの選挙の投票基準には，実は，ばらつきがある(表4－2)[6]。

表4－2　有権者の投票基準の状況（羽咋調査及び金沢調査の結果）

羽咋市（％）

	立候補した政党	候補者の特性	候補者の政策	知人の薦め	町内会や組合の推薦	候補者の経歴	地元への貢献	合計
市議会議員	4.4	21.1	13.5	10.8	14.0	4.1	32.1	100
市長	2.1	26.7	36.2	4.6	6.7	4.4	19.3	100
県議会議員	7.3	18.1	24.0	8.9	7.3	5.2	29.2	100
県知事	8.4	21.4	35.8	6.7	5.6	9.1	13.0	100
参議院議員	27.3	16.4	24.5	5.3	6.5	5.1	14.8	100
衆議院議員	27.4	16.0	25.8	4.7	5.1	4.2	16.7	100

金沢市（％）

	立候補した政党	候補者の特性	候補者の政策	知人の薦め	町内会や組合の推薦	候補者の経歴	地元への貢献	合計
市議会議員	12.1	17.6	11.5	6.4	13.4	2.1	36.9	100
市長	9.8	31.1	22.8	3.0	4.9	5.7	22.8	100
県議会議員	14.9	20.9	16.2	6.9	11.6	2.8	26.7	100
県知事	12.3	28.2	25.6	3.4	4.3	5.8	20.3	100
参議院議員	40.3	21.3	18.8	4.3	5.4	1.9	8.0	100
衆議院議員	41.2	21.2	19.1	4.7	4.5	1.7	7.5	100

原データより筆者作成

（6）　両データの基となる調査の質問項目については，下記のURLで単純集計の結果とともに公開している。羽咋市の調査は2000年3月に羽咋市との共同研究の一環として実施したもの，金沢市の調査は同じく2000年8月に中日新聞北陸本社との協定により実施されたものである。
http://www.page.sannet.ne.jp/kwmr/research/research.html（2010年7月15日現在）

地方議会議員選挙の投票基準として、もっとも重視されているのは、「地元に対する貢献度」である。一方、首長の投票基準として、もっとも重視されているといえるのは「候補者要因（候補者の特性・候補者の政策）」である[7]。そして、地方選挙では「立候補した政党」が重視されることはそれほどなく、「立候補した政党」が重視されるのは国政選挙である[8]。

こうした有権者の投票基準の違いは、首長と地方議員の役割の違い、そして主張のずれを生み出すことになる。首長は、自治体全体の代表として選ばれる一方、地方議員は地元や地元の組織の代表として選ばれやすい（第7章参照）。その結果、両者が支持者の投票基準に忠実であろうとすればするほど、両者の意向がずれ、対立が生み出されるのである。また「地方議員が自らを自治体全体の代表と自任しているか、それとも自分を選んでくれた地域（ないしは組織）の代表と自任しているか」、どちらに重みを持っているのかも、首長と議会の対立を考える重要な要素となる。

Ⅲ 「市町村合併」という争点がもつ特殊性

首長の意向と議会の多数派の意向にずれが生じる現象は、なにも日本の地方自治に固有に発生するものではない。二元代表制を採用する政府には、多かれ少なかれ起こりうる現象である。行政の執行機関（長）の意向と議事機関の多数派の意向とが異なる状況は、「分割政府（divided government）」研究として古くから考察が行われており（Jacobson, 1990; Cox and Kernell, 1991; Mayhew, 1991; Fiorina, 1992）、日本でも曽我・待鳥（2007）などで検討が試みられている。

ただ、「平成の大合併」でみられた首長と地方議会の対立は、「政党間競争に起因する分割政府（party-oriented divided government）」というよりも、「争点論争に起因する分割政府（issue-oriented divided government）」である[9]。

（7） 市長選挙の投票基準と市議会議員選挙の投票基準の間でクロス集計をとってみると、投票基準が異なっているという有権者の割合は、それぞれ46.7％（羽咋調査）、41.5％（金沢調査）であった。
（8） 市長の投票基準と衆議院議員の投票基準の間のクロス集計をした結果、両者の一致率は、それぞれ37.4％（羽咋調査）、35.9％（金沢調査）であった。
（9） 「平成の大合併」を強く推進したのは、自民党である。しかし、その事

「市町村合併」という争点は，政党対立とは違う次元での対立争点になりやすい。

争点としてみると，合併交渉に参加できる者の置かれている状況・立場によって異なってくる点で，市町村合併は特殊な争点といえる。市町村合併は，地方政治家及び自治体職員にとって，自らの日常に関わる争点であるだけではなく，将来のライフ・プランにも関わってくる争点である。首長や議員の職に固執する者にとってみれば，自らが職を失う確率を高める市町村合併は，あまり望ましくない。市町村合併は，職員にも，人事の変更に伴う将来不安や事務手続の変更に伴うコスト増をもたらす。すなわち，住民と比べ，キャリア志向の職員や安定志向の職員にとって，市町村合併はより望ましくない政策であり，これもまた，意向の食い違いの要因になると考えられるのである。

地方政治家と一般の住民の間の意向が食い違う場合，合併交渉はより複雑になると考えられる。とりわけ表4-3のⅡ，Ⅲのような場合には様々なことが起こる。通常，合併協議への参加に関する意思決定過程に，住民の直接参加は必須条件ではない。そのため，地方政治家・自治体職員の意向が優先される可能性は非常に高い。たとえばⅡのように地方政治家や自治体職員が合併を志向している一方，住民の多くが「自立」を考えている場合，リコール運動や住民投票による「住民による巻き返し」が発生しやすくなる。

住民と地方政治家・自治体職員の間で意見が異なるのには理由がある。その1つが，保有している財政環境に関する情報量の格差である。普段から行財政に接触している地方政治家・自治体職員は，財政環境に関する情報量は非常に多い。更に，住民の中には「行財政はお上にお任せ」という感覚を持ち続けている者もおり，こうした情報量の差が合併の期待効用の違いとなって表れることになる。また先ほど指摘したように，合併が，地方政治家・自治体職員にとって，将来計画を左右しかねない争点であることも，理由の1つとなる。市町村合併は，職場環境の変更や失職を伴うので，相対的に地方政治家・自治体職員は合併反対になりやすいと考えられる[10]。市町村合併と

　　実はあまり知られていない。
（10）　全ての政治家・職員が「市町村合併をやりすごしたい」と考えているわ

いう争点に対する温度差が「地方政治家・自治体職員」と，「住民」との間で発生する可能性がある（塩沢，2004）。

我が国の地方制度では，首長と議会の意見が食い違う状況を解決する手法が，制度内にビルトインされている。たとえば，首長に対して議会が不信任決議をできることや，首長に専決処分[11]の権限が付与されていることなどが，これに該当する。ただし，これら以外の手法も，「市町村合併」という争点対立を解消するために用いられた。住民投票はその典型である。

「市町村合併は，住民の意向（民意）を汲んだものでなければならない」と語ることは容易である。しかし，そこには「民意」を何によって測定するのかという問題が横たわる。そして，それは「住民自治[12]」にも関わる大事な論点でもあるのである。市町村合併の分析は，合併した事実を分析することも重要であるが，そこに存在する政治的な意義についても検討されるべきなのである。

次章では，食い違う意見を解消するために各地で用いられた「住民投票」について，分析を行うことにする。

表4－3　意見のマトリックス

	地方政治家・自治体職員	
一般の住民	I 合併，合併	II 自立，合併
	III 合併，自立	IV 自立，自立

けではない。自治体の先行きの不透明さを切実に考えている政治家・職員にとってみれば，合併の機運はまさに渡りに船であり，対症療法的な行財政改革に限界を感じている者にとってみれば，市町村合併という抜本的な行財政改革ができるチャンスと映るだろう。

(11) 専決処分とは，議会を招集する暇がないときや議決すべき議案を議決しないときに，議会で議決すべき事案を首長の判断で処分することである。処分後，首長は議会に報告し承認を得なければならないが，承認されなくとも法的に責任を追及されることはない。首長の権限の広さと専決処分ができることをあわせて考えると，「地方議会に比べ，制度的に首長は強い立場にある」といえる。

(12) 地方自治には「団体自治」の側面と「住民自治」の側面がある。近年の地方分権の議論はどちらかというと「団体自治」の議論ばかりが先行している感がある。

第5章

「平成の大合併」でみられた住民投票とその制度的課題

I　はじめに

　議会制民主主義を基本とする日本の地方自治の中で，住民投票制度は住民が意思決定過程に直接参加できる数少ない手段である。住民投票制度は参加のコストが低く，特定の政策争点に対する住民の民意を数値として示すことができるため，1996年に新潟県西蒲原郡巻町（現在の新潟市西蒲区内）で実施されて以降，NIMBY施設の建設などといった地方議会で賛否が分かれる「込み入った問題」を解決する手段の1つとして認知されるようになった（大山，1998）。そして，不透明な公金支出や度重なる汚職等による地方政治不信が有権者の間に広まったことや（今井，2000），合併特例で住民発議が制度化されたことなどによって，住民投票制度はより多くの有権者に知られる制度となっていった。

　1990年代後半以降，各地で行われてきた住民投票は，その目的から大きく2つの類型に大別できる。1つは，問題解決型の住民投票である。たとえば，NIMBY施設の建設といった長期にわたる自治体内紛争を集結させる解決手段として用いられた住民投票は，これに該当する。また，短期間での結論が求められる問題（市町村合併など）を解決する手段として用いられた住民投票も，問題解決という点からここに当てはまる。問題解決型の住民投票は，「話し合い解決」では道筋がみえない政治的課題に白黒をはっきりさせることを期待し実施されると，いいかえることができる（横田，1997；大山，1998；中澤，2005）。

表5－1　合併市町村における住民投票実施数

	法定	条例
北海道・東北	0	30
関東（山梨を含む）	6	34
東海・北信越	6	35
近畿	2	16
中四国	14	34
九州	16	35
計	44	184

データ出所：総務省合併デジタルアーカイブ

　もう1つは，アピール型の住民投票である。1996年に実施された沖縄県民投票は，米軍基地問題に対する沖縄県民の意向を全国に示すことになった。ただし，この県民投票の結果は，県幹部と国との間で行われる基地交渉への圧力にはなりうるが，問題の最終解決のために実施されたものではない（島袋，1997）[1]。

　「平成の大合併」下においても，この住民投票は，住民の意向を数値的に示すものとして，多くの市町村で活用された[2]。これらは合併できた協議会のケース単位であるので，合併に至らなかったケースも含めれば，実際に住民投票を実施した市町村はかなりの数にのぼる。本章では，こうした市町村合併をめぐって行われた各地の住民投票の中から，いくつかの特徴的な事例を抽出し，市町村合併における住民投票について考察したい（表5－1）。

II　住民投票実施の意義

　市町村合併を決定するにあたって，誰の意向を尊重すべきであるか。今日の地方自治制度下では間接民主制が採用され，首長及び地方議員が住民の代表として選挙によって選出されている。市町村合併というテーマであっても，住民は選挙で選出した首長・地方議員を信頼しその決定に従えばよいという考えは，こうした間接民主制重視に根ざしたものであり，1つの考え方である。一方，佐々木（2002）のように，市町村合併に対する住民の意向を，住民投票など直接的な手段で明らかにし，その結果を意思決定に反映させるべきとする考え方もある。

　両者の意見とも正論であるが，市町村合併という案件に限っては，佐々木の立場の方が妥当であるように思われる。市町村合併は，通常の行政過程と

（1）　白鳥（2004）は，クリーヴィッジ理論を援用し，今日の地方自治体で行われる住民投票は「周辺」で行われる傾向にあると指摘している。

（2）　http://www.gappei-archive.org （2007年2月6日訪問）

は異なり，住民全体に直接結びつく政策とみなすことができる。身近な地名が失われるだけではなく，行政サービスや公共料金が変更されるなど，多くの住民の生活環境に影響を及ぼす可能性があるのが合併である。影響が住民全体に及ぶのであれば，やはり住民の意思の確認をすべきである。また，最近は市民協働参画のまちづくりが都市政策のトレンドの1つになっており[3]，地方制度調査会も，その答申の中で，「市町村の合併は，地方主導で，地域の実情に基づき，関係市町村や住民の意向が，十分尊重されて行われるべきであり，市町村の合併の意義や効果を住民がよく理解した上で，合併を選択できるようにしていく必要がある」とうたっている。これらも，市町村合併に住民の声を反映させるべきという考えを後押しするといえるだろう。

　首長や地方議員の中には，自らは合併を公約に当選しているから，住民の意向を聞く必要はないと主張する者もいる。しかしながら，住民は彼らに対して白紙委任をしているわけでないし，地方選挙の結果は，古くから居住する「旧住民」の意見の方が一般的に反映されやすく，近年引っ越してきた「新住民」の意向を把捉しにくい（佐々木，2002；塩沢，2004）。民意のずれがあるのかどうか確認するためにも，住民の意向を確認する「住民投票」という作業は行われるべきであろう。

　ただし，住民の意向を確認する方法は，何も住民投票制度だけに限られたものではない。合併問題に関するアンケート調査を実施することによっても，住民の意向を確認することは可能である。住民に対するアンケート調査は，行政裁量で行うことができ，また社会調査の手法に即して実施すれば，実施コストを住民投票よりも低く抑えられるという利点がある。そのため，「住民投票ではなく，住民アンケートを利用すればいい」という意見もある。たしかに住民アンケートは，適切な方法で調査票が回収できるのであれば，住民の民意を知りうる有効な手段の1つである。しかしながら，実際に行われたアンケートの中には，社会調査の初歩的なミスを犯している事例が散見された[4]。社会調査に対する職員のスキルが乏しい現状を考えると，今日的に

（3）市民協働参画のまちづくりについての議論については，大滝他（2003）などを参照。

（4）こうした状況が生じた背景には，自治体の政策評価が社会調査の手法をもって行われていないこともあろう。

は住民アンケートよりも住民投票の方がより公正である。また，住民アンケートに法的な裏付けがないことも問題である。「平成の大合併」時に行われた住民投票には，合併特例法第4条の住民発議制度に根拠をもつ住民投票と，各市町村が条例によって定めた住民投票の2種類があったが，双方とも法（ないしは条例）に根拠がある。更に，法的な根拠があることは，住民に対しより公正感を与えることにもつながる。住民アンケートよりも，住民投票によってその意向を把捉する方が望ましいと考えられる理由は，こうした点にも求められる[5]。

III 事例の検討

合併手続きに直接住民を参加させる住民投票制度は，住民が納得できる意思決定環境をつくることに寄与したとみなすことができるだろう。ただ，市町村合併の過程で行われた住民投票制度は制度的に完成したものということは難しい（久保田，2003）。合併特例法上における住民投票制度は，住民発議の手続きの一環として「限定的に」導入されたものであり[6]，うまく機能しなかった事例や制度設計時に想定しなかった事例も起こっている。それについて，少し指摘しておくことにしたい。

1 石川県羽咋郡市における事例

既に述べたように，市町村合併をめぐる住民投票は，合併特例法に根拠をもつ住民発議としての住民投票と，市町村が独自に制定した条例に基づく住民投票の2種類があった。住民発議による住民投票は，過半数の得票によって議会の議決にかわる効果を生み出すことが法的に認められていた。市町村議会が合併に抵抗する可能性があるので，それを排除しようとする狙いがあったためである。住民発議による住民投票制度は，合併協議会の設置を促す主旨の下で導入されたものであり，

（5）　地方自治体の社会調査技法の向上が進めば，アンケート調査に対する信頼性も向上するはずであり，地方自治体で社会調査ができる人材を採用・育成することは政策評価制度との連動でも有意義であろう。

（6）　http://www.kantei.go.jp/gappeisien/dai1/1siryou2.html（2004年5月5日訪問）

第5章 「平成の大合併」でみられた住民投票とその制度的課題　91

議会による合併協議会設置の否決　→　住民発議による住民投票の実施

が時間的流れとして想定されていたと考えられる。そのため、住民発議による住民投票は、議会によって合併協議会設置が決議されている自治体で実施され、協議会が2つ併走するような状態は十分に検討されていなかった。

すでにある合併協議会に対抗する形で住民投票が行われた事例として、2003年8月3日に石川県羽咋郡押水町・志雄町において行われた住民投票をあげることができる[7]。

図5－1　羽咋郡市の位置関係と合併枠組み案

石川県羽咋市・羽咋郡の市町村合併は、当初羽咋郡市1市4町の合併が模索されたが、原子力発電所で財政が潤っていた旧志賀町が合併の影響を最小限にとどめようと富来町とのみの合併路線を採ることを迅速に決定した結果、石川県の提示した1市4町が合併するC案（図5－1）は事実上なくなった。そのため、財政再建路線を積極的に進める当時の本吉達也羽咋市長は、羽咋市が孤立

合併案	人口（人）	面積（km²）	県案
1市4町案	66,826	440	C
羽咋市・志雄町・押水町	41,432	193	A・B
富来町・志賀町	25,396	246	A・B
羽咋市	25,541	82	
志雄町・押水町	15,891	111	
富来町・志賀町	25,396	246	A・B

データ出所：『北陸中日新聞』2002年4月27日

（7）　両町での住民投票については、『北陸中日新聞』2004年8月4日朝刊、「合併問題を考える住民の会」配付物、羽咋市職員等へのインタビューを資料とした。

することを回避しなければならないという意識から，1市2町へ方針転換をするに至った[8]。

押水・志雄の住民の中には，羽咋市を含めた1市2町の合併が望ましいという住民も少なくなかったため，彼らによって1市2町の枠組みによる協議会設置の署名活動が行われるようになった[9]。ただ，押水・志雄両町の幹部の中には，羽咋市との1市2町の枠組みでの合併に否定的な者がいた。「これまでの政争の経緯があるため協調できない」「羽咋市が積極的に展開していた財政健全化路線とは一線を画したい」という意見が，役場内にはあったのである[10]。

2003年3月，羽咋市・志雄町・押水町の1市2町による法定協議会設置を求める住民発議が行われた。合併に積極的であった羽咋市では住民発議による提案は可決されたが，志雄町及び押水町では否決され，1市2町の法定協議会は結局，設置されることはなかった。一方，押水町と志雄町は2町による合併協議会設置案を両議会で可決し，今回の合併では羽咋市と合併しないという路線を選択した。羽咋市を含めた1市2町の合併を求める住民は，この否決を受けてただちに住民投票実施の請求を行った。そして，羽咋市を含めた法定協設置を問う住民投票が，8月3日，両町で行われることになった。

8月3日に行われた住民投票の結果は，図5－2の通りである。羽咋市を含めた1市2町による合併協議会設置を目指した住民発議は志雄町における反対多数によって否決され，合併協議会の並立は回避された[11]。両町幹部に

---

(8) 『北陸中日新聞』2002年4月27日。
(9) 筆者の行った関係者へのインタビュー調査によると，こうした動きの背景に「稲村建男石川県議と小倉宏睿県議の自民党県議会議員同士の勢力争いがあった」とする意見もあった。また「中西一順押水町長の町政運営に対する批判が，多数の署名につながった」という指摘もあった。
(10) 『北陸中日新聞』2003年8月5日。
(11) 筆者のインタビュー調査では，1市2町派は合併の必要性・意義を積極的に説明する運動を展開していたのに対し，2町派は「羽咋市に吸収される」「本吉（達也）市政のトップダウンについていけない」といったネガティヴ・キャンペーンを展開していたという。ただ双方とも，自らの都合の良い情報しか流しておらず，町民が町の財政状況等を正確に理解していたか，やや疑問である。

図5－2　志雄・押水2町に羽咋市を含めた法定協
　　　　議会設置の是非を問う住民投票の結果

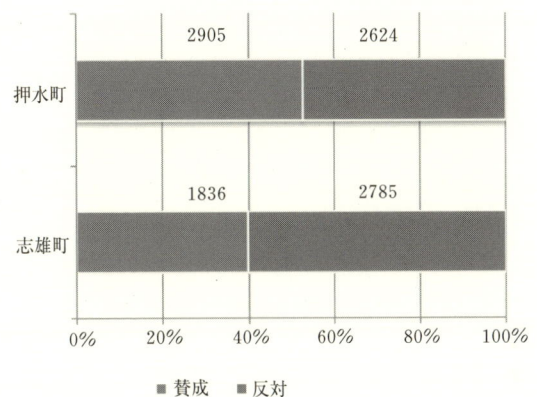

押水町　賛成 2905　反対 2624
志雄町　賛成 1836　反対 2785

データ出所：『北陸中日新聞』より筆者作成

とって最悪の事態は，回避することができたのであった。
　その後，押水町と志雄町の協議は進み，「宝達志水町」は誕生する。しかし，2004年8月に再度1市2町派の住民発議が行われるなど，1市2町をめぐる合併論議は最後まで混乱することとなった[12]。

2　広島県安芸郡府中町の事例

　市町村合併をめぐる住民投票の事例の中には，住民投票によって民意を測定し，そこで明らかになった結果を首長・議会が尊重するという「諮問型」で行われた事例もあった。住民投票には，その後の市町村の方針が固まりやすく，また周辺自治体も対応が容易になるという効果がある。このような理由から，諮問型住民投票は各地で用いられた。
　諮問型住民投票では，有権者の選ぶ選択肢づくりが重要になる。なぜなら，「投票結果をどのように解釈するか」という問題に関わってくるからである。また，住民投票の結果をどの程度尊重するかについて事前に決めておくことも，重要である。2002年6月に広島県安芸郡府中町の事例は，こうした「選

---

(12) 『朝日新聞（石川県版）』2004年5月8日。

択肢の設計」と「多数の尊重」が問題になった事例である。

広島県府中町は、人口51,946人[13]（2000年国勢調査）の規模をもち、周囲を広島市に囲まれた町である。広島市の「ベッドタウン」化が進んでいるが、自動車メーカーのマツダの企業城下町であるため、財政力指数は0.87[14]と町制を採用している自治体としてはかなり高い。府中町は、周囲の町村が広島市と合併していく中、独立を保ってきたが、「平成の大合併」の波が押し寄せるに至って、周囲を取り囲む広島市との合併が町政の重要な争点として浮上してきた。広島市からの積極的なアプローチや「広島市との合併の是非を問うべき」という住民運動もあり、2002年6月9日、広島市との合併等を検討する住民投票が実施されることになった。

住民投票の結果は、図5－3の通りである。「広島市との合併」「単独市制」「町制維持」という3つの選択肢のうち、過半数を超えるものはなかったが、「広島市との合併」の得票は49.9％とほぼ半数で選択肢中最多であった。合併推進派はこの結果を受けて、最多の選択肢を尊重すべきと主張し、広島市との合併に舵を切るよう要求した。しかし、和多利義之府中町長はこの住民投票の結果を、「『単独市制』と『町制維持』を合わせた数を合併に対する反対」

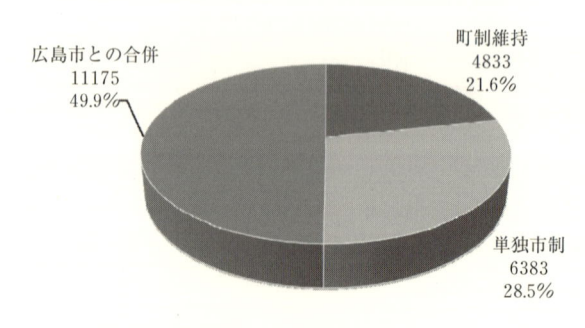

図5－3　広島県府中町における住民投票の結果

広島市との合併
11175
49.9％

町制維持
4833
21.6％

単独市制
6383
28.5％

データ出所：『朝日新聞』より筆者作成

(13)　2007年2月現在。http://www2.town.fuchu.hiroshima.jp/（2007年2月15日訪問）。
(14)　2004年度決算。http://www.pref.hiroshima.jp/chiiki/shigyou/joho/pdf/20fuchu-town.pdf（2007年2月15日訪問）

と解し15，民意は単独自治にあると主張した。たしかに，両選択肢を「広島市と合併しない」であると定義づければ，合計50.1％で過半数である。しかし，この町長の解釈は，合併推進派にとって納得できるものではなかった。町長の解釈が，かえって問題を複雑にする要因となった。

住民投票実施後の2003年12月，住民発議によって広島市との間に合併協議会は成立するも，2004年2月の初回の協議会以降，協議が進むことはなかった。2004年5月に単独町政を志向する和多利町長が再選され，「平成の大合併」時における府中町の単独町政（もしくは単独市制施行）の路線は確定することになったのであった16。

3 解散した法定協議会にみられる住民投票の役割

羽咋郡市のような合併の枠組みの変更を迫る住民投票ではなく，合併交渉を破談に導くために実施された住民投票も，「平成の大合併」では行われた。その中には，行政主導で進む合併協議を阻止すべく実施された住民投票もあった。

図5－4は，新自治体名が決定していたのにもかかわらず合併できなかっ

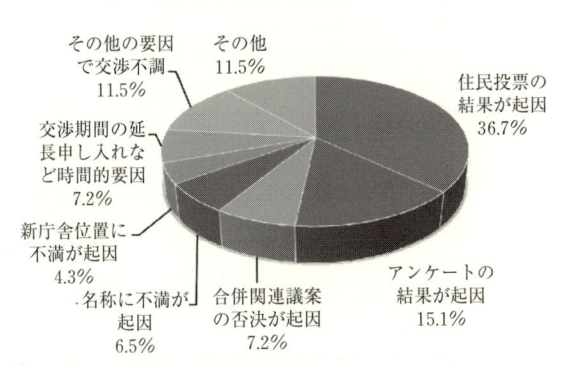

図5－4 合併協議会の解散要因
（新自治体名が決定していた協議会のみ）

- その他の要因で交渉不調 11.5％
- その他 11.5％
- 住民投票の結果が起因 36.7％
- 交渉期間の延長申し入れなど時間の要因 7.2％
- 新庁舎位置に不満が起因 4.3％
- 名称に不満が起因 6.5％
- 合併関連議案の否決が起因 7.2％
- アンケートの結果が起因 15.1％

原データより筆者作成

---

(15) http://homepage1.niftycom/jj-junjun/hutyuu.html（2004年4月29日訪問）
(16) http://www2.town.fuchu.hiroshima.jp（2007年12月14日訪問）

た139の事例を調べ，法定協議会が解散に追い込まれた原因別に集計し，図示したものである[17]。一般的に，「新自治体名と新庁舎の位置の選定，そして合

---

(17) 元のデータは次の通り（表5-4）。

表5-4　新自治体名が決定するも協議会が解散した事例

協議会設置自治体	予定町名	解散の直接要因
置戸・訓子府合併協議会	置戸町	訓子府村のアンケートの結果
佐呂間町・上湧別町・湧別町合併協議会	サロマ町	湧別町のアンケートの結果
中標津町・羅臼町合併協議会	東知床市	中標津町の住民投票の結果
東十勝2町合併協議会	東十勝町	合併交渉不調
帯広市・中札内村合併協議会	帯広市	中札内村の住民投票の結果
天北三町合併協議会	天北町	猿払村からの交渉期日延長の申し入れ
北空知1市4町合併協議会	深川市	参加4町が特例期限内での合併を見送る
長万部町・黒松内町合併協議会	長万部町	合併交渉不調
南空知3町合併協議会	東さっぽろ市	南幌町が合併関連議案を否決
日高中部合併協議会	ひだか市	新冠町が合併期日の延長を申し入れ
北通り三町村合併協議会	大間町	大間町の住民投票の結果
八戸地域合併協議会	八戸市	階上町議会が「合併協議継続について同意を求める議案」を否決
津軽北部四町村合併協議会	十三湖町	金木町町民が「十三湖町」の新町名に難色
津軽南地域市町村合併法定協議会	弘前市	合併交渉不調
両磐地区合併協議会	平泉市	一関市民が「平泉市」の新市名に難色
小牛田町・涌谷町・南郷町合併協議会	遠田市	涌谷町の住民投票の結果
亘理町・山元町合併協議会	亘理市	休止（亘理町・山元町の住民アンケートの結果）
角田市・丸森町合併協議会	あぶくま市	丸森町の住民アンケートの結果
柴田町・村田町・大河原町合併協議会	柴田市	大河原町の住民投票の結果
加美郡四町合併協議会	加美市	色麻町のアンケートの結果
五城目町・八郎潟町・飯川町合併協議会	湖東町	八郎潟町の住民アンケートの結果
能代山本市町村合併協議会	白神市	能代市民・青森県の住民が「白神市」の新市名に難色
新庄市・舟形町合併協議会	新庄市	舟形町の住民投票の結果
尾花沢市・大石田町合併協議会	はながさ市	大石田町の住民投票の結果
山形市・上山市・山辺町・中山町合併協議会	山形市	合併交渉不調

協議会設置自治体	予定町名	解散の直接要因
美野里町・玉里村・八郷町・石岡市合併協議会	常陸野市	石岡市が「常陸野市」の新市名に難色
阿見町・美浦村合併協議会	霞南市	美浦村の住民投票の結果
龍ヶ崎市・利根町合併協議会	龍ヶ崎市	合併交渉不調
幸手市・五霞町合併協議会	幸手市	幸手市長の交代による県内合併への路線変更
岩井市・猿島町・境町合併協議会	坂東市	境町の住民投票の結果
水海道市・伊奈町・谷和原村合併協議会	常総市	水海道市が新市役所の位置に不満（谷和原村役場）に加え、石下町から合併の申し入れがあったため
宇都宮地域合併協議会	宇都宮市	上河内町が特例法期限内の合併を断念
宇都宮市・高根沢町合併協議会	宇都宮市	高根沢町の住民投票の結果（ただし、賛成50.7と過半数は超えている）
南那須地区町村合併協議会	那須南市	合併交渉不調
大平町・岩舟町・藤岡町合併協議会	みかも市	合併交渉不調
前橋市・富士見村合併協議会	前橋市	富士見村が合併関連議案を2度否決、特例法期限内の合併を断念
加須市・騎西町合併協議会	加須市	加須市の住民投票の結果
北川辺町・大利根町・栗橋町合併協議会	東埼玉市	大利根町の住民投票の結果
蓮田市・白岡町・菖蒲町合併協議会	彩野市	蓮田市・菖蒲町の住民投票の結果
久喜市・幸手市・鷲宮町	桜宮市	久喜市の住民投票の結果
春日部市・宮代町・杉戸町・庄和町合併協議会	春日部市	宮代町の住民投票の結果
吉川市・松伏町合併協議会	吉川市	松伏町の住民投票の結果
川口市・蕨市・鳩ヶ谷市合併協議会	武南市	川口市が「武南市」の新市名に難色
狭山市・入間市合併協議会	狭山市	狭山市の住民投票及び入間市のアンケート（反対多数であるものの過半数は超えてはいない）の結果
児玉地域合併協議会	こだま市	美里町住民投票の結果
佐倉市・酒々井町合併協議会	佐倉市	酒々井町の住民投票の結果
山武地域合併協議会	九十九里市	東金市の住民投票の結果
長生郡市合併協議会	長生市	合併交渉不調
夷隅郡市合併協議会	外房市	勝浦市が「外房市」の新市名に難色
安房8町村合併協議会	南房総市	鋸南町長の交代による単独町政への路線変更
千葉市・四街道市合併協議会	千葉市	四街道市の住民投票の結果
印西市・白井市, 印旛村・本埜村合併協議会	北総市	白井市の住民投票の結果
真鶴町・湯河原町合併協議会	湯河原町	真鶴町の住民投票の結果
三島郡3か町村合併協議会	良寛町	与板町・和島村の住民投票の結果と長岡市が合併受け入れへ態度変化
黒部市・宇奈月町・入善町・朝日町合併協議会	黒部市	黒部市が新市役所の位置に不満

協議会設置自治体	予定町名	解散の直接要因
穴水町・門前町合併協議会	鳳町	町議会が輪島市との合併に方針転換
春江町・坂井町合併協議会	春坂市	合併交渉不調，坂井郡大同合併へ方向転換
福井市・鯖江市・美山町・越廼村・清水町合併協議会	福井市	鯖江市の住民投票の結果
甲府市・中道町・芦川村・上九一色村合併協議会	甲府市	中道町の住民アンケート及び住民投票の結果
飯山市・野沢温泉村合併協議会	飯山野沢温泉市	野沢温泉村の住民投票の結果
岡谷市・諏訪市・下諏訪町合併協議会	諏訪市	諏訪市のアンケート（反対多数であるものの過半数は超えてはいない）の結果
丸子町・長門町・武石村・和田合併協議会	依田窪市	丸子町および武石村が異なる枠組み（上田市・真田町を含めた1市3町合併）の住民投票の結果
駒ヶ根市・飯島町・中川村合併協議会	中央アルプス市	駒ヶ根市および飯島町の住民アンケートの結果
木曽町合併協議会（7町村）	木曽町	木祖村の住民アンケートの結果
信州新町・小川村・中条村合併協議会	信州西山町	小川村の住民アンケートの結果
美濃加茂市・加茂郡町村合併協議会	美濃加茂市	美濃加茂市の住民アンケートの結果
可児市郡合併協議会	可児市	合併交渉の不調
西豆三町村合併協議会	西伊豆町	松崎町が住民投票実施をめぐり混乱
美浜町・南知多町合併協議会	南セントレア市	美浜町および南知多町の住民投票の結果
大治・七宝・美和町合併協議会	名西市	七宝町が名古屋市との合併を目指した先行合併の方針を転換
湖北地域合併協議会（10市町）	長浜市	浅井町の協議会離脱表明に伴う合併枠組みの変更
湖北地域合併協議会（6町）	湖北市	住民運動等で特例法内での合併を断念
彦根市・豊郷町・甲良町・多賀町合併協議会	彦根市	彦根市の住民アンケートの結果
蒲生町・日野町まちづくり協議会	蒲生市	蒲生町長のリコール後の選挙で合併反対の候補が当選
安土町・五個荘町・能登川町合併協議会	安土市	五個荘町が八日市市との合併へ方針転換
近江八幡市・安土町合併協議会	安土八幡市	安土町の住民アンケートの結果
宮津・伊根合併協議会	宮津市	伊根町の住民投票
池田市・豊能町合併協議会	池田市	合併交渉の不調
守口市・門真市合併協議会	守口門真市	守口市の住民投票の結果
泉州南合併協議会	南泉州市	泉南市・阪南市・田尻町の住民投票の結果
岸和田市・忠岡町合併協議会	岸和田市	忠岡町の住民投票の結果
平群町・三郷町・斑鳩町・安堵町・上牧町・王寺町・河合町合併協議会	西和市	王寺町および斑鳩町の住民投票の結果

協議会設置自治体	予定町名	解散の直接要因
吉野郡八町村合併協議会	吉野市	大淀町および下北山村の住民投票の結果
吉野町・東吉野村合併協議会	吉野町	東吉野村の住民アンケートの結果
黒滝村・天川村合併協議会	天川黒滝村	黒滝村議会が合併に慎重
かつらぎ町・九度山町・高野町・花園村合併協議会（高野町・九度山町合併協議会）	高野町	高野町の住民投票の結果
八頭東部合併協議会	八頭町	町長の方針転換による若桜町の合併協議会離脱
天神川流域合併協議会	倉吉市	三朝町の離脱後の合併交渉の不調
出雲地区合併協議会	出雲市	斐川町の住民投票の結果
広島市・海田町合併協議会	広島市	海田町の住民投票結果とその後の合併慎重派の候補者の町長当選
徳山市・下松市・新南陽市・熊毛町・鹿野町合併協議会	周南市	下松市からの合併期日の延期の申し入れ
山口県央部合併協議会	山口市	新市役所の位置・機能をめぐり防府市が難色
小松島市・勝浦町合併協議会	小松島市	勝浦町の住民アンケートの結果
海部郡上灘三町合併協議会	美海町	日和佐町議会および由岐町議会が合併関連議案を否決
きほく合併協議会	きほく町	新町役場をめぐり松野町が難色
安田町・田野町・奈半利町・北川村合併協議会	中芸町	田野町の住民アンケートの結果
安田町・奈半利町・北川村合併協議会	中芸町	北川村の住民アンケートの結果
香南・芸西合併協議会	香南市	芸西村の住民アンケートの結果
窪川村・大野見村合併協議会	四万十町	大野見村の合併の枠組みを問う住民投票の結果（中土佐町が多数）
須崎市・中土佐町合併協議会	黒潮町	中土佐町の合併の枠組みを問う住民投票の結果（大野見村が多数）
佐川町・日高村合併協議会	佐川町	佐川町の住民投票の結果
中村・大方・佐賀・西土佐合併協議会	四万十市	佐賀町住民投票の結果および大方町の住民アンケートの結果（大方町は反対多数のものの過半数は超えてはいない）
宿毛市・大月町・三原村合併協議会	宿毛市	三原村の住民投票の結果
宿毛市・大月町合併協議会	宿毛市	大月町が合併関連議案を否決
芦屋町・水巻町・岡垣町・遠賀町合併協議会	遠賀市	岡垣町の住民投票の結果
直鞍1市2町合併協議会	ゆたか市	直方市が新市名の「ゆたか市」に難色
北九州市・中間市合併協議会	北九州市	中間市議会が合併関連議案を否決
豊築1市2町合併協議会	豊築市	椎田町の住民投票の結果
築上東部3町村合併協議会	大富町	合併交渉の不調

協議会設置自治体	予定町名	解散の直接要因
佐賀市・諸富町・川副町・東与賀町・久保田町・大和町・富士町合併協議会	佐賀市	合併交渉の不調
杵島6町合併協議会	杵島市	合併交渉の不調
鹿島市・太良町合併協議会	鹿島市	太良町の住民投票の結果
佐賀県西部1市3町合併推進協議会	湯陶里市	武雄市が新市名の「湯陶里市」に難色
佐々町・小佐々町合併協議会	さざなみ町	佐々町が新町名の「さざなみ町」に難色
東彼杵郡三町合併協議会	東そのぎ市	川棚町で住民投票で賛成が多数を占めるも、単独町政を志向する町長が再選
西彼中部三町合併協議会	琴の海市	消防・救急をめぐり長崎市との交渉が不調
北松浦一市五町合併協議会	北松浦市	田平町の住民投票の結果
小国合併協議会設置	小国町	南小国町の住民投票の結果
玉名地域一市八町合併協議会	玉名市	合併交渉の不調
菊池南部四町合併協議会	東熊本市	大津町の合併協議再開の要請
宇土・富合合併協議会	宇土市	富合町の住民アンケートの結果
杵築市・日出町・山香町・大田村合併協議会	杵築市	日出町議会が合併関連議案を否決
延岡市・北方町・北浦町・北川町合併協議会	延岡市	北川町の住民アンケートの結果
宮崎・清武（・田野）合併協議会	宮崎市	清武町の住民アンケートの結果
清武町・田野町合併協議会	西宮崎市	宮崎・清武・田野合併協議会から清武町が離脱したことと連動
日南市・北郷町・南郷町合併協議会	日南市	北郷町議会が合併関連議案を否決
東霧島合併協議会	西諸県	高原町議会が合併関連議案を否決
日置合併協議会	日置市	金峰町が加世田市など川辺地区との合併へ方針転換
伊佐地区合併協議会	伊佐市	菱刈町の住民投票の結果
姶良西部合併協議会	錦江市	姶良町の住民投票が不成立になり、それに伴い姶良町が特例法期限内の合併を断念
大隅中央法定協議会	大隅市	鹿屋市長からの合併枠組み変更の申し入れに垂水市が反発し協議会を離脱
枕崎市・知覧町合併協議会	ちらん枕崎市	知覧町が新庁舎の位置に難色
種子島二町合併協議会	種子島町	南種子町の住民投票の結果
屋久島地区合併協議会	屋久島町	上屋久町議会が合併関連議案を否決
石垣市・竹富町合併協議会	八重山市	竹富町議会が合併関連議案を否決
中城村・北中城村合併協議会	中城市	北中城村が特例法期限内の合併を断念
佐敷町・知念村・玉城村・与那原町合併協議会	東方市	与那原町が新市役所の位置に難色

併後周辺地域になる自治体の処遇が合併交渉の最大の山場」といわれている（第2章参照）。新自治体名という大きな山場を超えながら，協議会が解散に追い込まれた事例が100以上もあったということがそもそも驚きであるが，そのうちの36.7%が法定協議会発足後に行われた住民投票の結果によって解散に至った事実は，更に驚きである。

このような住民投票は，法定協議会設置を議会が可決したけれども，合併に慎重な首長が民意を直接住民に問うたために実施したものが多い。住民投票で合併反対が多数を占めたことを明示することによって，首長は法定協議会を離脱する口実を欲しがったのであろう。こうした事例における住民投票は，「首長の議会に対する対抗策として用いられた[18]」「首長の責任回避の手段として用いられた」とみなすことができるだろう。

IV 議論

ここでとりあげた羽咋郡押水町・志雄町で行われた住民投票および広島県安芸郡府中町の事例から，市町村合併における住民投票が抱えていた課題を2つあげることができる。第一は，住民投票の実施ばかりが先行し，制度としての課題の整理等の議論が追いついていない，という点である。

アメリカにおける地方自治体の住民投票制度には，一般的に，イニシアティヴ（initiative），レファレンダム（referendum），リコール（recall）がある（久保田，2003）。イニシアティヴとは「発議」であり，有権者の一定以上の署名によって条例の制定改廃請求が成立すると直接住民投票に付されるものや，条例制定改廃請求を一旦議会に送りそれが否決・修正された場合にあら

協議会設置自治体	予定町名	解散の直接要因
伊平屋村・伊是名村合併協議会	伊平屋村	伊是名村の住民投票
宮古地区市町村合併協議会	宮古市	多良間村が2度合併協議会離脱を宣言したため

(18) 鴻巣市の原口和久市長は，「埼玉県では合併に反対する手段として住民投票が使われる傾向があり，そのため鴻巣市の合併においては協議会設置後の住民投票の実施を意図的に行わなかった」と述べている。（2009年2月21日の宮城県市町村合併シンポジウムでの発言。）

ためて住民投票に付されるものがある。一方，レファレンダムには，地方自治体憲章の制定や合併，境界変更に伴う義務的に実施されるレファレンダムと，議会や首長が重要案件について住民の意向を問うために行われる任意のレファレンダムがある[19]。合併特例法に基づく住民投票は，明らかにイニシアティヴであり，府中町で行われた住民投票は任意のレファレンダムである。新自治体名決定後に行われた住民投票も任意のレファレンダムとしての性格が強い。ただし，それらの中には「住民の最後の承認を得る」という義務的なレファレンダムに近い形で実施されたものもあった。

羽咋郡2町の事例をみると，この事例ではまず「合併の枠組み」を議会が議決し，それに不満を持つ住民グループが住民発議を行い，住民投票が行われることによって議会の議決を覆そうとしている構図となっていた。これは，「レファレンダムが行われない可能性が高くなったが故に，住民がイニシアティヴの制度をもって合併の方向性を変えようとした動き」と解釈することができる。議会が合併を拒否し議決をしないという前提をもとに組み立てられている住民発議制度を，制度設計者の意図とは異なるかたちで利用したといえる。更に，彼らは「発議」は何度でも繰り返し行えるという点にも着目し，住民発議を繰り返そうと試みた[20]。これもまた制度が想定していなかったものである。羽咋郡のような事例が起きたということは，住民の行動予測が十分になされないまま，住民投票が制度化されたことを示している。

新市名決定後に協議会が住民投票によって解散に追い込まれた事例も，住民投票制度が十分整理されていないまま制度化された状況を示している。新自治体名まで決定していながら，住民投票や住民アンケートによって合併が破談した場合，それまでの努力は水泡に帰す。合併が破談した協議会の自治体職員や合併を望んでいた住民の中には，「なぜ事前に民意を把捉していなかったのか」と不満を感じた者もいたであろう。合併交渉の佳境に住民投票や住民アンケートを実施することは，合併反対派の「乾坤一擲」の策であったとみることもできる。手続き論的に考えれば，「市町村合併を対象とする

---

(19) このほかにも，議会が可決した条例を差しとめる「ブロック・レファレンダム」といった性格のレファレンダムもある（久保田，2003）。
(20) 『北陸中日新聞』2004年6月5日。

条例に基づく住民投票は，法定協議会設置前までに行わなければならない」といった，一定の制限をかけるべきだったと思われるのである。

　市町村合併における住民投票が抱えていた課題の第二は，住民投票の選択肢に係る点である。市町村合併に係る住民投票は，基本的に合併に賛成か反対かという「対立争点」の構図の中で行われる。しかし，市町村合併に係る重要な争点はもう1つあり，どの自治体と合併するかという合併枠組みも重要な争点である。すなわち，住民に諮問しなければならないのは，「合併することへの賛否」と「枠組みに対する賛否」の2つとなる。羽咋郡の事例では，他の自治体と合併することについては多くの住民が賛成する合意争点であったが，枠組みは1市2町派と2町派が争う対立争点であった。合併特例法によって定められた住民発議による住民投票は，法定協議会の設置を提案することはできる。しかし，この住民投票は1つの合併枠組みを提案できるだけで，異なる合併枠組みを議論することを排する効力はない。そのため，もし志雄町の住民投票の結果が賛成多数であったならば，住民発議による法定協議会と議会の可決による法定協議会という異なる協議会が併存する可能性もあったのである。

　このような状況を回避するには，住民発議の効力を優先させるといった法的措置をとるか，合併を行うことへの賛否と枠組みに対する賛否の双方を行う必要がある[21]。なお，後者のようなやり方を実施した事例は存在する。鞍手郡宮田町（2003年2月2日実施[22]）や鯖江市（2003年4月13日実施[23]）の事例である（表5-2, 表5-3）。両自治体で行った方法は，「住民発議による住民投票」に「条例による住民投票」をかぶせた形で行うものであり，制度を改善していくには参考になる事例といえよう。

　本章であげた府中町の事例は，住民投票の選択肢の設計と解釈の問題が複合した事例である。府中町の事例は，まず広島市との合併の賛否という二択

---

(21) 争われるアジェンダにとって最適な時期に住民投票を実施する，という方法も考えられる（小林, 2005）。
(22) http://www.town.miyata.fukuoka.jp/Gappei/Gennjou.htm（2004年5月9日訪問）
(23) http://www.city.sabae.fukui.jp/kakuka/gappei/touhyou/touhyou.html（2004年5月9日訪問）

表5−2　宮田町における住民投票の結果

特例法に基づく住民投票（対若宮町）

	得票	得票率
賛成	3,644	39.0%
反対	5,700	61.0%

条例に基づく住民投票

	得票	得票率
若宮町との2町合併	2,979	31.7%
1市4町による合併	3,544	37.8%
単独町制	2,865	30.5%

原データより筆者作成

表5−3　鯖江市における住民投票の結果

特例法に基づく住民投票（対武生市）

	得票	得票率
賛成	16,207	43.9%
反対	20,699	56.1%

条例に基づく住民投票

	得票	得票率
武生市との合併	13,072	34.5%
福井市他との合併	14,009	37.0%
単独市制	10,830	28.6%

原データより筆者作成

ではなく，「広島市との合併」「単独市制」「町制維持」の三択が採用された。府中町は市制施行要件を満たしていることもあり，このような選択肢にしたのであろう。ただし，三択以上にして賛否を問うと，どの選択肢も過半数の回答が得られない場合がまま起こる。このような混乱を回避するためには，

①まず，「広島市との合併への賛否」を問い，次に反対多数が多ければ「市制施行か町制維持か」を住民に問うという多段式で住民投票を実施する，
②首長が，解釈を事前に決定しておく[24]，

といった工夫が府中町には必要だったように思われる。もし，そうした整理がついていたならば，府中町での合併過程はまた違ったものになっていたかもしれない。

---

(24) 住民投票の結果の拘束力は，市町村合併に係る住民投票でも大きな問題である。過半数であれば，たとえ1票差でも多数の意見を採択できれば問題はない。しかし，賛否が僅差である場合，住民投票通りの結果にならず，決定が留保されたり，首長が自らの判断で決定をしたりする場合もある。宇都宮市・高根沢町合併協議会の場合，高根沢町で行われた住民投票の結果では，宇都宮市との合併に賛成する者が50.7%と過半数は超えていたにも拘わらず，合併協議会は最終的に解散となった。

V 忘れられている「民主主義のコスト」をめぐる議論

住民投票の制度設計で検討すべき項目には,「住民投票の効果」「対象事項」「発案及びその手続き」「実施手続き」などがある (藤原, 1998)。これまでの住民投票の研究の多くは, こうした制度設計の不備を指摘するものであり, 本章もこうした流れの延長線上にある。しかし, 住民投票に関する議論はこればかりではない。

たとえば「民主主義のコスト」の問題である。住民投票を実施するのには, どれぐらいのコストが必要なのであろう。住民投票のコストといえば, 住民投票を実施することに伴う選挙管理費用が念頭に浮かぶ。住民投票を1回実施する事務費用は, これまでの事例から「おおよそ首長選挙1回分に相当する」といわれている[25]。そして, これに付随し, 住民投票条例の起案に係る職員の人件費や住民投票実施の啓発事業などが加わることになる。更に, 行政費用とは別に, 住民には合併情報を収集することによって発生する情報処理コストや, 投票参加コストがかかることになる。我々は,「住民投票を行うことが望ましい」という前提の下, こうした住民投票を実施するコストは無視しがちである。しかし, こうした住民投票にかかるコストについても関心を持つ必要がある。

また, 住民投票における行政の世論誘導も考えなければならない。「平成の大合併」では, 地方交付税の削減を危惧する行政と, 自らの自治体の行財政の状況に対して無頓着な住民の間で, 合併に対する温度差があった。行政は合併を強く志向しているが, 住民の多数派は合併の必要性はないと感じているという意識のギャップは, 合併破談を生む1つの要因であった (町田, 2006)。合併に対する住民説明会の中には, 行政の都合のよい内容ばかりが説明されて, 都合の悪い情報は説明されなかったところもあった[26]。中には,

---

(25) 一般選挙のノウハウを活かした結果と考えられる。たとえば, もっとも初期の巻町で行われた住民投票では, 選挙管理費が約663万円であった。1996年1月に実施された町長選挙が約600万円であったから, ほぼ同額といえるであろう (現代地方財政研究会, 1998b)。

(26) 合併を望まない自治体職員が意図的に合併に対するネガティヴな情報を流す, といった事例も「平成の大合併」では散見された。とくに零細自治体

明らかに行政側の誘導が感じられる説明会もあった[27]。佐々木（2002）は，住民投票制度を設計する際の留意点として，「情報提供の態度といった住民投票実施者の責任が重要」と指摘している。投票行動ばかりではなく，行政のアジェンダ・セッティングなど，情報提供の面などからも住民投票は分析されるべきである[28]。

では，自治体職員は合併という争点のオピニオン・リーダーになりうることを見落としてはならない。
(27) NIMBY施設の建設の際に，補助金などのメリットをちらつかせて合意を得る手法と同じである（中澤，2005）。
(28) 成立条件をつけて合併の賛否を問う住民投票も実施されており，こうした成立条件をつけることについても検討する必要があろう（村田，2006）。また脇坂（2010）は，市町村合併における住民投票をクラスター分析によって類型化しており，こうした実証分析の試みも興味深い。

第6章

初代首長選挙の対立構図
―アグリゲート・データの分析

I　はじめに

　「新設合併」が選択された場合，直ちに自治体の長を決める選挙が行われる。いわゆる「設置選挙」である。この設置選挙では，合併交渉のプロセスで先送りされてきた不平・不満が選挙の争点となって噴出する場合がしばしばあり，それぞれの旧自治体間の駆け引きや関係する都道府県議の思惑も絡んで，非常に激しい選挙戦が繰り広げられる可能性がある。しかし，その一方で，長期的な混乱の回避の視点から，事前に候補者調整をすることで激しい選挙戦を回避するケースも見受けられる。すなわち，「初代市長選挙の構図は，合併のアウトカム」という関係が成り立つ可能性が大きい（図6-1）。

　初代市長選が市町村合併の影響を受けていることは，初代市長に当選した者の前歴と年齢構成からも容易に想像がつく。表6-1は，初代市長に選出された者の前職をまとめたものであるが，初代市長の多くが合併を構成した市町村の首長であることが，ここからわかる[1]。初代市長に旧市町村長が当選しやすい背景には，前述のような合併に伴う混乱の回避を望む者が少なくないことや，合併から選挙までの準備期間が通常の選挙よりも極めて短く新規に立候補するには非常にコストがかかることがあげられる。そのため，広

（1）　ただし，この表は直近の職のみを集計したものであり，ここでの前職が市長や町長であったとしても，かつては地方議員や助役であったという者は少なくない（石上・河村，1999；河村，2008a）。なお，同様の集計は，田村（2005）や今井（2005）などでも行われている。

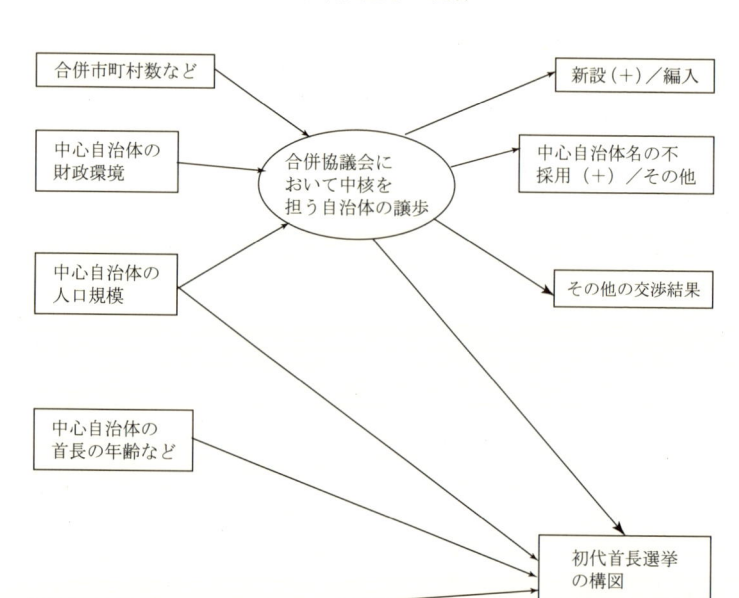

図6-1 市町村合併と初代首長選挙の関係

表6-1 初代市長選挙で当選した者の前職

政治家 267	前職 228	市長	127
		町長	99
		村長	2
	市町村議 13	市議	7
		町議	6
	それ以外 26	衆議院議員	1
		参議院議員	2
		県議	23

公務員 18	市町村公務員 13	助役・副市長	7
		教育長	4
		市職員	2
	それ以外 5	中央官僚	2
		県職員	3
その他 4		会社役員	1
		国会議員秘書	1
		弁護士	1
		歯科医師	1

原データより筆者作成

域行政の経緯などで新市内に抜群の知名度をもつ中心自治体の首長が，初代市長の有力候補者として担ぎ出されることになるのである。

ところで，初代市長選挙の動向についての研究は，中條（2005）や平野（2008）などで既に行われている。これらの先行研究は，合併後にもたらされる首長選挙の変化として次の点を指摘する。

①合併によって首長や議員が減少することに伴い，国会議員を含めた地方政治家間の系列が再編される可能性が高く（河村，2008b），それが国政選挙の集票構造に変化をもたらす可能性がある（今井，2008）。
②都市部と農村部が合併することにより，有権者の投票基準が変化する可能性が高くなる（中條，2005）。これらの結果，選ばれる首長の属性が，「平成の大合併」以前とは大きく変化する可能性がある。
③合併による広域化によって住民の「一票の有効性感覚」が低下し，投票率が低下する可能性がある（平野，2008）。

こうした指摘は仮説の域にあるものがほとんどで，市町村合併が首長選挙にもたらす影響を，我々は様々な面から測定していく必要性がある。そこで本章では，ささやかながらこうした先行研究の後を追い，市町村合併と初代市長選挙の間の関係について検討してみたい。新市長選挙のアグリゲート・データによる分析は今井（2007）や平野（2008）などによって，また特定の地方における事例分析は今井（2008）などによって既に試みられているが，データが膨大であることもあり，議論されていない部分も少なくない。本章では，平野らの先行研究もふまえつつ，議論を掘り下げる材料を提供したい。

II 初代市長選挙の候補者・当選者

初代市長を決める設置選挙では，「合併直後の首長選挙はそれぞれの地域の主張が重要な争点となる可能性が高く，合併交渉のプロセスでの不平・不満が噴出しやすい」と一般的には考えられている。仮に首長選挙において地域間が激しく対立すれば，新しい自治体運営は困難を強いられることになるし，こうした記憶がかなり尾を引くことになる。

「平成の大合併」ではこうした混乱を嫌い，無投票当選の制度を利用して「意図的」に初代首長選挙を回避した事例もかなりあった（菅沼，2005）。初代市長選挙の立候補者数の一覧は，表6−2の通りであるが，初代市長選挙中，選挙が無投票となったケースは実に4分の1にも及ぶ。初代市長選挙で候補者数がかなり絞り込まれていることは，通常の市長選挙よりも立候補者数が大幅に少ないことからも理解できる。筆者が調べたデータによると，

表6−2　初代市長選挙の立候補者数

分類			該当数	割合
編入合併	選挙なし		109	27.4%
	小計		109	27.4%
新設合併	無投票	立候補者数1	72	18.1%
	選挙あり	2	120	30.2%
		3	70	17.6%
		4	21	5.3%
		5	5	1.3%
		8	1	0.3%
	小計		289	72.6%
	合計		398	100.0%

原データより筆者作成

2003年統一地方選時の市長選挙の平均立候補者数は2.76人、1999年から2003年統一地方選挙までの市長選挙の平均立候補者数は2.66人であったのに対し、初代市長選挙の平均立候補者数は2.21人と極めて低い（河村、2004）。もちろん、「初代市長選挙は立候補準備の期間が短く、合併した他の市町村へ知名度を浸透させる時間がない」という要素も考慮する必要はある。ただ、それは合併に伴う附随的な効果であり、初代市長選挙の構図が合併の影響を受けていることを否定するものではない。

また、初代市長選挙が合併と深い関係をもっていることは、第2章で作成したjoho変数と選挙戦の構図からも確認できる。初代市長選挙の選挙状況を「無投票」「無風選挙（ここでは当選者の得票率が3分の2以上）」「通常の競争」に分類し、それをjohoとクロス集計させたものが、図6−2である2。第2章でみたように、中心自治体の発言力が強い

図6−2　変数johoと初代市長選挙の選挙状況

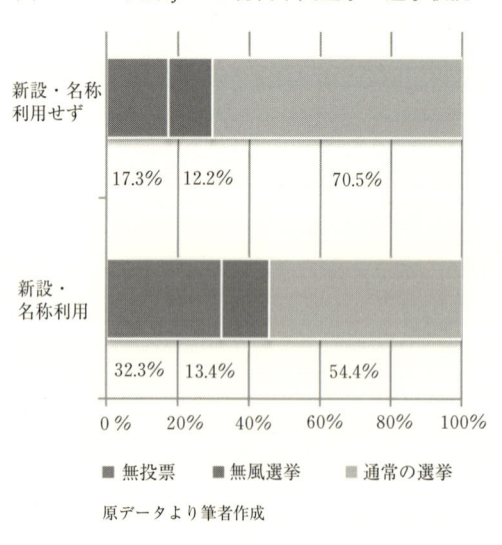

新設・名称利用せず：無投票 17.3%　無風選挙 12.2%　通常の選挙 70.5%
新設・名称利用：無投票 32.3%　無風選挙 13.4%　通常の選挙 54.4%

■無投票　■無風選挙　■通常の選挙

原データより筆者作成

（2）　なお、編入合併の場合は初代市長選挙とならないので、johoが示すのは新設合併であり、「中心自治体の名称を利用した場合」と「中心自治体の名称を利用しない場合」だけである。

方が中心自治体の名称が新市名に利用される確率は高いわけであるが，このグラフは「そういった市ほど設置選挙として実施される市長選挙が無投票選挙になる確率も高い」ということも示している[3]。

既に指摘したように，初代市長選挙において当選した者の多くは，合併前に首長を務めていた者が多い。とりわけ，無投票で当選した者の多くは，旧市町村中もっとも人口の大きかった自治体（中心自治体）で首長を務めていた者が多くなる傾向にある[4]。無投票で当選した初代市長の前歴は，市長であった者が50名（69.4％），前職が町長であった者が19名（26.4％）となっており，無投票で当選した初代市長のうち，前職が旧市長・旧町長ではないのは，筆者のデータでは東温市・米原市（職員），吉野川市（県議）にすぎない。

本来ならば編入合併を選択すべきところを，「対等合併」を協調するために新設合併を選択した事例では，合併協議の中心を果たした自治体の首長が無投票で初代市長に横滑すると思われがちである。ただ，実際はそれほど単純ではない。たとえば，表6－3は，表2－10中の①及び②に該当する事例の初代市長選挙の結果である。たしかに，合併交渉時の中心自治体の市長が新市の初代市長になっている事例は多い。しかしながら，必ずしも無投票当選になるわけではない。むしろ，比率的には無投票当選になった事例の方が少ない。中心自治体の中での政治的な駆け引きが発生するため（たとえば合併によって市長職の魅力が向上し県議が出馬に意欲を見せたり，また合併交渉に対する不満から市議の中から立候補者が登場したりするため），結果として「無投票」が妨げられるからである。

ところで，初代市長選挙が選挙戦になったケースは，289ケース中217ケース（約75.1％）であり，候補者が2人となった選挙が120ケース（41.5％），候補者が3人となった選挙が70ケース（24.2％）である。栄えある初代市長選挙だからといって候補者が乱立するわけではなく，ある程度候補者が絞ら

---

(3) Cramer's V = 0.182（0.5％水準で有意）。
(4) 一般的に初代市長に選出される者は高齢のイメージがあるが，初代市長就任時の平均年齢は約60歳であり，高齢というわけではない。年長であることを理由に初代市長への就任を請われる者がいる一方で，年長を理由に合併調印を花道に自ら引退を申し出る者もおり，この値は両者が相殺された結果とみることができる。

表6－3　表2－9中①及び②に該当する事例の初代市長選挙結果

市名	都道府県	合併年月	中心自治体	初代市長	得票率
いちき串木野市	鹿児島	2005年10月11日	串木野市	田畑誠一・旧串木野市長	73.3%
奄美市	鹿児島	2006年3月20日	名瀬市	平田隆義・旧名瀬市長	51.2%
周南市	山口	2003年4月21日	徳山市	河村和登・旧徳山市長	40.5%
伊賀市	三重	2004年11月1日	上野市	今岡睦之・旧上野市長	75.9%
南相馬市	福島	2006年1月1日	原町市	渡辺一成・旧原町市長	53.8%
朝倉市	福岡	2006年3月20日	甘木市	塚本勝人・旧甘木市長	無投票
白山市	石川	2005年2月1日	松任市	角光雄・旧松任市長	無投票
日光市	栃木	2006年3月20日	今市市	斉藤文夫・旧今市市長	54.5%

推計確率66%以上で「新設・中心自治体名使用」と予想されたのにも拘わらず，中心自治体名を使用しなかった市

市名	都道府県	合併年月	中心自治体	初代市長	得票率
富山市	富山	2005年4月1日	富山市	森雅志・旧富山市長	85.9%
下関市	山口	2005年2月13日	下関市	江島潔・旧下関市長	39.5%
米子市	鳥取	2005年3月31日	米子市	野坂康夫・旧米子市長	77.1%
高岡市	富山	2005年11月1日	高岡市	橘慶一郎・旧高岡市長	無投票
釧路市	北海道	2005年10月11日	釧路市	伊東良孝・旧釧路市長	無投票
光市	山口	2004年10月4日	光市	末岡泰義・旧光市長	無投票
宗像市	福岡	2003年4月1日	宗像市	原田慎太郎・旧宗像市長	68.4%
今治市	愛媛	2005年1月16日	今治市	越智忍・愛媛県議	43.5%

推計確率66%以上で「編入」と予想されたのにも拘わらず，新設合併を選択した市

れた形で選挙戦になっているのが全国的な傾向であるが，そうした中で候補者が乱立した事例もある。

　初代市長選挙において立候補者が8名であったのは，さいたま市である。さいたま市の合併は，「さいたま新都心の再開発」という国家的課題から進められた経緯があり，「大宮市の北に位置する上尾市などを，合併の枠組みに含めるのか」など様々な議論があったこと[5]や，「横浜・川崎・千葉に続く，首都圏4番目の政令指定都市の市長を決める」と注目されたことなどが，多数の立候補者数につながった（今野，2001；石原，2002）。合併市町村の初代市長選挙ではあるが，準国政選挙的な性格が付与されたことを考えると，初代さいたま市長選挙は外れ値に該当する事例といってよいだろう[6]。

　立候補者が5名であったのは，周南市・十日町市・牧之原市・宮若市・気

---

(5) 「平成の大合併」のさきがけとなったことで，マスコミに注目されたことも，多くの者が立候補した要因になったと考えられる。
(6) なお，2005年のさいたま市長選挙での立候補者数は3人である。

仙沼市であった。十日町市を除き7，合併枠組みでもめ，合併後に「再合併」の可能性があった点が，これらの市の共通点である。周南市は，もともとの4市3町合併交渉枠組みから下松市・旧光市・田布施町が離脱し，徳山市・新南陽市・熊毛郡熊毛町・都濃郡鹿野町の2市2町で合併した経緯がある（根本，2002）。こうした経緯は，市民の中に「まだ合併は終わっていないかもしれない」という意識を残すとともに，現在の周南市の枠組みに異を唱える者の出馬を促すことにもなる8。宮若市も，直鞍（直方市と鞍手郡）合併の破談などがあり，合併論議の火種は燻っていた。牧之原市も隣接する榛原郡吉田町との再合併の可能性が残っており，気仙沼市も再合併の可能性を残したままであった9。

　合併直後の首長選挙であっても，全国が注目するような都市での選挙や，越郡合併だった地域での選挙，再合併の可能性などが燻っている地域の選挙の場合，候補者の調整が容易ではなく候補者乱立につながると考えられる。

Ⅲ　初代市長選挙の投票率と対立構図

　初代市長選挙の選挙戦の構図は，初代市長選挙の投票率に影響を与えると考えられる。既に述べたように，初代市長選挙では候補者が絞り込まれる傾向にあるが，合併後を占う選挙ということや農村部の投票義務感が高い有権者が組み込まれたこともあって，投票率は概ね，通常の市長選挙よりも高くなる傾向があるといわれている。「平成の大合併」後の市長選挙の投票率を従属変数とする回帰分析を行った平野（2008）は，合併市の市長選挙の投票率が非合併市のそれよりも高くなる傾向にあることをデータで示している。ただし，当然のことながら，人口の多い市であれば投票率は低くなる傾向がある。それは，「初代市長選の投票率」を従属変数に，「合併時の人口（log_pop）」「初代市町選挙での立候補者数（$candidat$）」「合併市町村数（$municipl$）」「旧

（7）　十日町市長選挙が乱立したのは，「旧十日町市長選挙での遺恨」「越郡合併」「元国会議員の出馬」など情勢がからんだためと思われる。

（8）　こうした混乱が住民投票の実施につながっていることは，第5章で指摘した通りである。

（9）　合併新法下で，再度，気仙沼市と本吉町の間で合併協議会が設置され，2009年9月，本吉町は気仙沼市と合併した。

表6－4 初代市長選挙の投票率を規定する要因

	B	標準誤差	β	有意確率
constant	1.86	0.11		0.00
log_pop	−0.27	0.02	−0.62	0.00
candidat	0.01	0.01	0.10	0.07
municipl	0.03	0.00	0.45	0.00
dummy	0.04	0.01	0.17	0.00
R^2	0.46			
Adj. R^2	0.45			
N	216			

首長の複数立候補の有無を示すダミー変数(*dummy*)」を独立変数とする回帰分析からも明らかである[10]（表6－4）。

また，留意しなくてはならない点として，一般的に初代市長選挙の関心が高くなりやすいが，候補者調整が積極的に行われ有力候補者が絞り込まれてしまえば，投票率は思ったほどあがらない点である。ダミー変数が有意であることからわかるように，事前の候補者調整によって投票率は大きく左右されるのである。これは，ちょうど相乗り選挙と同じである（河村，2008a）。

続いて，選挙戦の対立構図をみることにしよう。一般的に，次点が法定得票数を超えていない首長選挙は，「無風選挙」とみなすことができる。そこで，選挙戦が行われた217ケース中，次点が法定得票数を超えなかった21ケースを「無風選挙」としてまず除外し，残った196[11]ケースの当選者と次点者の属性から，その対立構図を分類してみた。その結果を図示したものが，図6－3である[12]。

図6－3 初代市長選挙の対立構図
（当選者と次点者による分類）

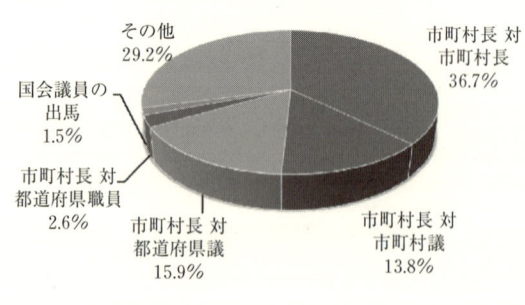

- その他 29.2%
- 国会議員の出馬 1.5%
- 市町村長 対 都道府県職員 2.6%
- 市町村長 対 都道府県議 15.9%
- 市町村長 対 市町村議 13.8%
- 市町村長 対 市町村長 36.7%

原データより筆者作成

対立構図でもっとも多いのが，旧自治体の首長経験者同士（元職を含む）が立候補し相争う構図で

---

(10) *log_pop* は，自然対数化したものを用いている。また *dummy* は，前職・元職が複数立候補している場合を1とした。
(11) 投票数が確定しなかった初代石巻市長選挙も，その得票状況から「法定得票数は超えた」とみなした。
(12) 「三つ巴」という項目も考えられないわけではないが，定義の困難さから「三つ巴」という項目はここでは使用しない。

ある。全体の72ケース，36.7％を占める。そして，このうちの半数以上の39ケースが「町長対町長」の対立構図となっている。1つの郡が大同合併したような場合，新市の多核傾向は高く，旧町間の主導権争いが発生する。とりわけ，庁舎をはじめとする公共施設の問題が争点になる場合，こうした状況になりやすい。また，2つ以上の市が合併した「西東京市」や「さいたま市」，「奥州市」でも旧市長が対立する構図となっている[13]。

　また，元国会議員や元知事が立候補する事例もいくつかある。掛川市では，元衆議院議員であった戸塚進也が榛村純一旧掛川市長を退け，当選を果たしている。白神市の名称をめぐって混乱した能代市の初代市長選挙では，参議院議員で元県議の斉藤滋宣が豊沢有兄旧能代市長に勝利し，宇城市の初代市長選挙では元参議院議員で2004年の熊本県知事で落選した阿曽田清が松橋町長であった松田利康を僅差で退けている。元知事が立候補したのは大崎市長選挙である。大崎市長選挙ではゼネコン汚職で逮捕された元宮城県知事の本間俊太郎が立候補した。しかし，本間は，宮城県議会議長を務め，自民党推薦で立候補した伊藤康志に敗れている[14]。

　なお，初代市長選挙において比較的多かった対立構図ごとに選挙結果を示したものが，表6-5である。総数は事例総数，肩書きの下の数値は当選した人数を示している。この表から，首長経験者対

表6-5　対決構図と選挙結果

首長 対 県議				首長 対 市町村議		
	市長	県議	総数		市長	市議	総数
勝ち数	11	7	18	勝ち数	12	2	14
勝率	61.1%	38.9%		勝率	85.7%	14.3%	
	町長	県議	総数		町長	市議	総数
勝ち数	6	7	13	勝ち数	3	0	3
勝率	46.2%	53.8%		勝率	100.0%	0.0%	
首長 対 首長					町長	町議	総数
	市長	町長	総数	勝ち数	5	4	9
勝ち数	12	8	20	勝率	55.6%	44.4%	
勝率	60.0%	40.0%			村長	町議	総数
	町長	村長	総数	勝ち数	0	1	1
勝ち数	1	1	2	勝率	0.0%	100.0%	
勝率	50.0%	50.0%					

原データより筆者作成

---

(13)　周南市の初代市長選挙では，前徳山市長と元新南陽市長が立候補しているが，元新南陽市長の藤井正彦は次点に届かなかったため，本章の集計では「その他」に分類されている。

(14)　なお，本間は2010年4月の大崎市長選挙においても，現職として立候補した伊藤に敗れている。『河北新報』2010年4月12日。

表6-6　旧市長が次点となった事例

自治体名	選挙期日	投票率	当選者得票数	次点得票数	投票総数	立候補者数	合併市町村数
佐渡市	2004年4月18日	87.4%	27,221	21,792	49,013	2	10
備前市	2005年4月24日	75.6%	14,259	11,262	25,521	2	3
柳川市	2005年4月24日	70.7%	22,786	19,502	42,288	2	3
十日町市	2005年5月1日	84.9%	11,510	11,048	43,672	5	5
古河市	2005年10月16日	60.4%	27,809	23,498	69,942	3	3
ふじみ野市	2005年11月13日	47.4%	17,617	10,346	38,340	4	2
霧島市	2005年11月27日	72.0%	36,095	33,815	69,910	2	7
燕市	2006年4月23日	70.8%	23,674	15,923	47,544	3	3

　市町村議員という構図では首長経験者の方に分があるようだが，都道府県議が立候補した場合は状況次第のようにみえる。また，市長対町長の場合であっても，旧市長が必ず勝つというわけではないことが，表6-6からわかる。

Ⅳ　考察

　一般論としては，地域の主導権争いが絡んだ初代市長選挙では，「地域間対立が反映されやすく，そのため，旧市長対旧町長が立候補したような状況では，市長の方が有利になりやすい」と思われる。

　しかし，全てがそうなるとは限らない。旧町長が当選し旧市長が次点となった事例をつくりだす選挙環境には，概ね2つに大別できる。1つは，旧市時代の市長選挙の対立を引きずり，旧市長への支持が集まりにくい選挙環境である（十日町市など，図6-4の上）。もう1つは，新市の中心部（旧市）を代表として旧市長が立候補し，周辺部（旧町村）の代表として旧町長が立候補しているような環境である（佐渡市など，図6-4の下）。こうした事例は，初代市長選挙が旧市町村の主導権争いの場になるだけではなく，過去の中心自治体内の対立構造が反映される可能性が高いということも示している。

　これまでのデータが示している結果などから，初代市長選挙の対決構図は，

　　①候補者の絞り込みが成功するか否か，
　　②新市が多核的都市[15]として形成されたか否か，

　（15）　市町村合併後の都市の多核化の議論については，地理学的なアプローチ

図6-4　初代市長選挙の対立構図

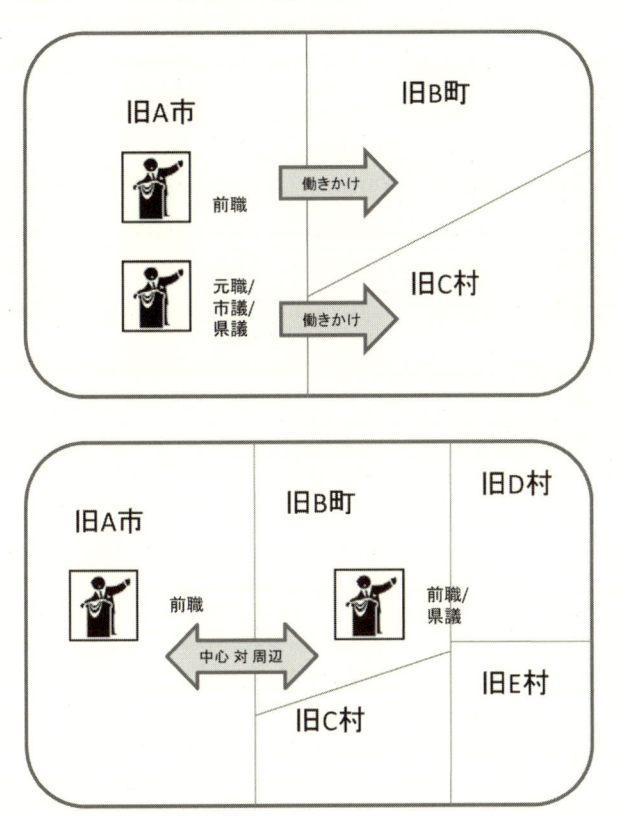

によって大きく規定されるように思われる。ただし，①と②の間は全くの無相関というわけではない。中心自治体の中心性（人口集中具合や産業力）が低かったり，分庁方式を採用したなど多核的要素があったりすると，候補者の一本化調整は難航することになるからである。そのため，多核的な新市ほ

も可能である。核となる街が距離的に非常に近くとも自然境界（山塊や河川）によって分断されている場合，有権者の意識の中では多核的と認知される可能性もある。そうすると，地理的環境の面から初代市長選挙の集票構造を分析することも可能であろう（片柳；2002）。

ど，候補者調整にかかるコストは高くなる傾向にある（図6－5）。

　また，単核的な都市であっても，合併前の選挙で落選した元職が復活を賭けて立候補を模索することによって，候補者調整が難航するという場合もある。合併を契機に立候補しようとする彼らの行動は，選挙における空間理論から十分予想できる行動である。また，市長職に興味を持つ都道府県議の存在は，候補者調整が難航する原因となりうることは指摘しておく必要がある。都道府県議が首長職へ鞍替えするインセンティヴとして，

　①複数いる者の1人にすぎない都道府県議員と違い，首長は唯一の存在である，
　②予算編成権など首長は強い権限をもっており，首長職の方が魅力的にみえる，

などが考えられる。とりわけ，最近の地方分権の流れは将来的な首長の権限の強化につながるため，「県議でいるよりも市長になった方が，自分にとってよい」と思う者が登場する可能性を高める。また郡部が大同合併をして新市を形成した場合では，権限が強化された市長職に魅力を見いだす者も出てくる[16]。国政選挙や知事選挙で落選し，いわゆる「浪人」状態にある元国会議

図6－5　初代市長選挙の対決構図を生み出すと考えられる要因

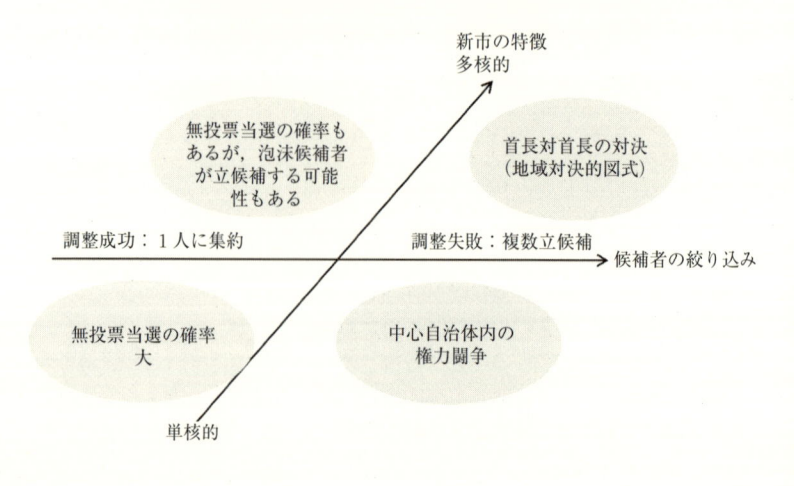

員の中にも，捲土重来の機会と初代市長選挙に立候補しようとする者もいる。このようにみると，初代市長選挙は一般にいわれているほど単純な構図ではなく，合併の交渉結果と連動し，実に多様であるといえるだろう。

　前章までの議論を含め，合併交渉から初代市長選挙までの一連の流れは，図6－6のようにまとめることができるのではないだろうか。中心自治体の中心性が高ければ，基本的に合併形態は編入合併となり，初代市長選挙は行われない。中心自治体の中心性が高くても周辺自治体に譲歩したような場合では，専ら中心自治体内の政治的対立構図が初代市長選挙に反映されることになる。その際，候補者調整がうまくいけば無投票当選・無風選挙となる。ただし，元職や都道府県議，国会議員などが初代市長の座に関心をもって立候補した場合，接戦になる確率は高くなる。一方，合併で中心的な役割を果たした自治体の中心性が低ければ新市は多核型になり，初代市長選挙は，旧市町村間の主導権争いの場となる可能性が高くなると考えられるのである。

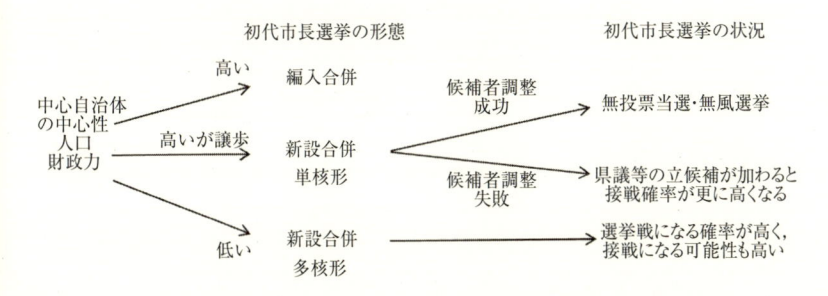

図6－6　考えられる合併形態と初代市長選挙の関係

中心自治体の中心性 人口 財政力	初代市長選挙の形態		初代市長選挙の状況
高い →	編入合併	候補者調整成功 →	無投票当選・無風選挙
高いが譲歩 →	新設合併 単核形	候補者調整失敗 →	県議等の立候補が加わると接戦確率が更に高くなる
低い →	新設合併 多核形	→	選挙戦になる確率が高く，接戦になる可能性も高い

---

(16)　自民党が公募制を導入したことによって，国政へという道を閉ざされる傾向にあることも，自民党ベテラン県議の市長への転身を促す1つの要因となっているようである。『河北新報』2008年5月12日。

第7章

議員定数と「地区割り」仮説

――「合併」との関連性に注目して

I　はじめに

　地方議会議員の定数に対する考え方は，地方分権一括法以降，大きく変わった。それまでの考え方は，地方自治法が法定数を規定し，地方でとくに事情がある場合には「減員条例」を制定し，議員定数（条例定数）を定めるという考え方であった。この考え方は，議員定数の基本は法定数であり，条例定数は特殊であるとするものである。しかし，地方分権一括法に伴う地方自治法の改正により，基本と特殊の関係は逆転した。この改正によって，地方議会の議員定数は，原則，条例で制定されることになり，その上限のみ地方自治法で縛るというかたちになったのである。

　この改正は，「地方のことは地方で決める」という地方自治の本旨に則ったものととらえることができる。ただし，改正の背景は，地方分権ばかりではない。たとえば，筆者が，2002年に市議会議員に対し意識調査[1]を実施した北陸3県（富山県・石川県・福井県）のうち，石川県（2002年当時）だけをとりあげてみよう（表7-1）。この表からでも，石川県下全ての市が条例定数をつくり，法定数よりも少ない定数が定められている実態がうかがえる。すなわち，今回の法改正は，「ほとんどの地方自治体が法定数通りに議員定数を定めていない実態に法を近づけ，更に法定数を法定上限数に置き換えることで整合性をとった」とも解釈できるのである。

（1）　この調査の概要等については，河村・青木（2004a；2004b）を参照。

表7-1 石川県における市議会の定数（2002年時点）

市名	法定数	上限数	条例定数	人口（千人）	参　考
金沢市	52	46	42	456	
七尾市	30	26	23	47	
小松市	36	34	26	109	
輪島市	30	26	20	26	「昭和の大合併」で誕生
珠洲市	30	26	18	20	「昭和の大合併」で誕生
加賀市	36	30	22	68	「昭和の大合併」で誕生
羽咋市	30	26	18	26	「昭和の大合併」で誕生
松任市	36	30	18	65	1970年市制施行

原データより筆者作成

II 議員定数の規定要因の確認：人口と財政環境

　議員定数を規定する要因として，具体的に考えられるものは何であろうか。まずは，当該自治体の人口規模である。政治に平等に参加する民主政治の立場から考えれば，少なくとも議会の規模は人口と比例関係（もしくは比例に近い関係）になっている必要がある。それは地方議会であっても同様である。事実，地方自治法は，法定数（現在は法定上限数）を人口に応じて定めている[2]。地方自治法をもとに，人口と市議会の定数との関係を簡単に図示すれば，図7-1の通りとなる。

　比較政治学の見地から，人口（有権者数）と議員定数の関係性を議論しようとする研究もある。代表的な研究として，Taagepera and Shugart（1989）がある。彼らは，理論的な検討から，最適な議員定数は単純な線形関係ではないことを主張する。

　Taagepera and Shugart は，代議制民主主義を採用する議会において，議員がもっとも時間を割く行為を，コミュニケーション C と想定する。通常，議員が行うコミュニケーションには 2 種類ある。1 つは，自らを選んでくれる有権者とのコミュニケーションであり，もう 1 つは，意思決定過程にともに

（2）　人口が無限に増えていけば，それに合わせて議員定数も無限に増えていくわけではない。大出（1977）が指摘するように，地方議会は会議体として成立する必要がある。そのため，上限数が設けられることになる。何人であれば会議体として成立するかは一概にはいえないが，地方自治法改正前の市町村議会の定員上限数は100人とされており，改正後の現在は96人である。

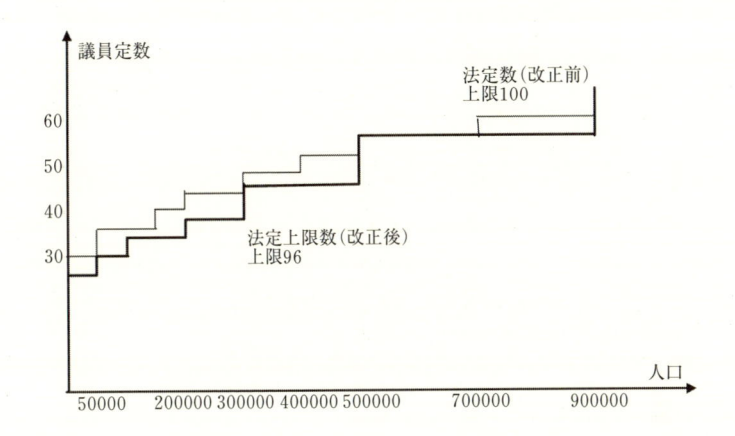

図7－1　地方自治法における法定数（改正前）・法定上限数（改正後）

参加する他の議員とのコミュニケーションである。全ての議席が小選挙区制で選ばれる議会を想定し，その議員定数を S と置く。ここで，選挙に参加できる有権者を P_a と置いた場合[3]，議員の有権者とのコミュニケーションのチャンネル数 C_c の平均は，次の式で表すことができる。

$$C_c = \frac{2P_a}{S}$$

ここで，$\frac{2P_a}{S}$ となるのは，議員が情報の送り手にも受け手にもなるからである。更に選挙によって選ばれた議員は，議会における意思決定に必要な情報を $S-1$ の議員と交換する。また，その議員も情報を交換しあうので，議会におけるコミュニケーションの総和 C_s は，次式で表されることになる。

$$C_s = 2(S+1) + \frac{(S-1)(S-2)}{2} = \frac{S^2}{2} + \frac{S}{2} - 1 \cong \frac{S^2}{2} \ (S \gg 1)$$

（3）　Taagepera and Shugart（1989）は，選挙に参加できる有権者 P_a を，$P_a = PLW$ と定式化している。P は総人口，L は識字率，W は労働人口の比率である。

よって，議員の平均的コミュニケーションの総和 C は，次式となる。

$$C = C_s + C_c = \frac{S^2}{2} + \frac{2P_a}{S}$$

更に，最適議員定数 S_0 は，$\frac{dC}{dS}$ が 0 になるときなので，

$$\frac{dC}{dS} = S - \frac{2P_a}{S^2} = 0$$

$$2P_a = S_0^3$$

となり，最適議員定数 S_0 は次式となる。

$$S_0 = (2P_a)^{\frac{1}{3}}$$

Taagepera and Shugart の議論は，議員定数と人口（有権者数）との間の関係を理論的に導き出そうとしており，非常に興味深い。

広義の「財政力」も議員定数を規定する重要な要因の1つである。地方議会にかかる予算は地方議員の数によって増えるため，財政力が豊かであれば議員定数を多くすることができ，財政力が乏しければ議員定数を維持することができないと考えられる[4]。そのため，財政力と議員定数の関係は，図7－2のように正の関係になると考えられる。ただし，これはあくまで演繹的に導き出される意見であり，データ上もその通りであるか，確認する必要はある。

図7－2　想定される議員定数と財政力の関係

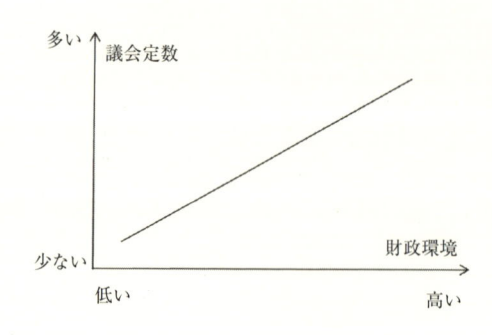

（4）第2次臨時行政調査会（第2次臨調）の地方議会に対する見方は，住民を代表する機関としての民主主義の議会というよりも，「地方自治体の迅速な意思決定を阻害する存在」というものであった（新川，1994）。

なお，予め断っておくが，本章の目的は，人口・財政力によって地方議会の議員定数が規定されていることを明らかにすることではない。人口と財政力によって地方議会の議員定数が統計的に決まっていることを分析したところで，政治学的なインプリケーションはそれほどないと思われるからである。本章で注目するのは人口・財政力以外の要因であり，本章では，自治体内にある地区の数が議員定数とどのように関連しているのかという，いわゆる「地区割り」仮説に注目する。「地区割り」仮説に注目する理由は，

①住民の中に「地方議員は地域のご用聞き」と認識している者が少なくない，
②村落の地方議員選挙において，町内会推薦や行政区推薦を明示して選挙に立候補する者が少なくない，
③地区推薦の議員が引退すれば，住民・引退した議員双方とも自らの住む地区から再度代表を出そうとし，それが地方議員の世襲や当て職化という状況を生んでいる，

と一般的にいわれているからである。

分析の手順は，次の通りとする。まず条例定数を従属変数とし，人口変数を独立変数とするモデルで推計を行う。人口でまず推計を行うのは，人口が法定数の基準となっているためであり，また財政力に関わる変数及び「地区割り」に関する変数との間に多重共線性が予想されるためである。続いて，人口による推計で得られた予測値と実測値との残差を算出する。そして，その残差を従属変数とし，独立変数に財政力に関わる変数，及び「地区割り」に関する変数を用いたモデルで推計を行う。ここで「地区割り」変数が有意であることが示せれば，人口・財政力を考慮してもなお「地区割り」が地方議会の条例定数を規定する要因になっている，といえる。

なお本章の分析は，第13回統一地方選挙が実施された1995年の市議会（直近に合併が行われたなどの特殊な事情の市を除く）のデータで分析を行う。理由は，「平成の大合併」の影響を排除するためである。「平成の大合併」の端緒である篠山市が合併する1999年以前のデータを用いることで，「平成の大合併」の要素を排除して議論を進めることができる[5]。「平成の大合併」後

の議員定数については，改めて次章において議論する。

III　仮説

「地区」とは一定の空間であり，「政策実施の単位として住民が認識できる空間」であるとともに，「そこに居住する住民がある程度の一体感をもつ空間」として定義することができる。ただし，本章では地方議員選挙の分析を前提とするため，本章で議論する「地区」は，基本的に市区町村よりも狭い範囲となる。

本章で検討する「地区割り」仮説は，次のようになる。

「地区割り」仮説：　地区の数が多い自治体ほど，議員定数が多くなる傾向にある。

ところで，ここでいう「地区」とは具体的に何を指すか。「地区」に当てはまるものの1つとしてあげることができるのは，「町内会（もしくは連合町内会）」である。町内会は，日常的な生活空間とみなすことができ，また地域課題等の情報を交換する場としても機能する。また雪国では，除雪の実施など地域協働の単位としても機能している。自治体によっては，準行政組織としての性格が付与されているところもある。

小学校や中学校の「学校区（地域によっては学区または校下）」も，本章で扱う「地区」に当てはまる。学校区は，友人関係など社会化の過程で重要な空間であるとともに，学校対抗の行事（中学総体など）を通じて，思い入れ・愛着などが強く記憶に刻まれる空間でもある[6]。また行政活動においても，文教政策や防災活動の実施単位になる場合が多い。

政令指定都市の「区」やその他の市町村が設置する「支所の管轄範囲」も，「地区」の1つといえる。市町村の支所の多くはかつての町村役場であり，合

（5）汚職に伴う地方議会に対する不信感なども議員定数の減員圧力になるといわれているが（大森，1998），データ化が容易ではなく，本章では議論から割愛する。

（6）学校区は，政治的社会化や成長後の社会的ネットワークを形成する場であり，政治参加を考える上でも重要な空間と考えられる。

併によって一部の行政機能が残されている状態とみなすことができる。学校区も旧市町村の範囲とほぼ重なる場合があるため，支所がないところでは学校区が旧市町村を意識させる「地区」となっているところも多い（春日，1996）。

「地区割り」とは，多くの地方議員が自ら選出の「地区（町内会・学校区・支所単位）」から推薦をもらい，当選している状況を指す。「議員の集票が自らの住居地の周辺にほぼ限られているような状態」とも，いいかえることができる。ただし計量分析を行うには，概念としての「地区」を，具体的な変数で示す必要がある。支所がない自治体もあることを考慮すると，分析に用いる際に「地区」を示す変数として妥当であるのは，「町内会」「小学校区」「中学校区」と思われる。経験的にではあるが，町村議会では「町内会」単位の推薦が多く，市レベルになれば「連合町内会」や「学校区（校下）組織」単位の推薦が，地方議員選挙で意味を持っているという報告もある（谷口，2004）。そこで本章では，公立中学校数を「地区」の数を示す変数として用いることにする。データの入手のしやすさに加え，「昭和の大合併」が中学校の運営を合併する1つの基準に据えたことをふまえると，中学校数を分析に用いるのは無理がないと思われるからである。

IV 分析

計量分析は，前述の通り，まず，条例定数を従属変数とし，人口を独立変数とする回帰分析を行い，予測値を推計した。なお独立変数として投入する人口は，Taagepera and Shugart の先行研究に則し，人口（単位は千人単位）を3分の1乗した値（pop）を用いた。

モデルの推計結果は，表7-2の通りである。モデルの決定係数 R^2 をみると，その値は0.89である。日本の地方議会の法定数が人口を基準にしていることを考えると，決定係数が高くなるのは当たり前であるが，決定係数が0.9を下回った点は注目に値する。この値は，地域の事情によってある程度の誤差が生じていることを示唆している。

表7-2 人口による議員定数の推計結果

従属変数：条例定数（1995年）

	B	標準誤差	β	有意確率
constant	2.92	0.35		0.000
pop	5.40	0.07	0.94	0.000
R^2	0.89			
Adj. R^2	0.89			
N	654			

次に，表7-2で推計された予測値と実測値との残差を従属変数とし，財政力変数と「地区割り」変数を独立変数とする回帰分析を行った。ここで用いる財政力に関する独立変数は，「公債費負担比率」とした (debratio)。財政力に関する変数としては，自治体のポテンシャルを示す「財政力指数」や，独自政策の余裕度を示す「経常収支比率」もあるが，ここで借金の圧迫度を示す「公債費負担比率」を利用するのは，市議会議員にとって自らの市の財務体質がわかりやすい指標と思われたからである。「借金があるから議会も定数を削減せざるをえない」というロジックは広く用いられており，そうした事実に配慮すれば，独立変数に用いるのは妥当といえよう。「地区割り」変数は，前述の通り，公立中学校数とした (district)。

公債費負担比率と中学校数を独立変数にした回帰分析の結果は，表7-3の通りである。表から確認できるように，中学校数が相対的に多い市ほど，残差の値はプラスになる傾向にあり，0.5%水準で統計的に有意でもあった。この表7-3の結果は，人口要因を考慮してもなお，地区（中学校数）が多いところは議員定数も多くなる傾向にあることを示している。言い換えれば，人口を基本としている地方議会の定数ではあるが，自治体を構成する地区数も勘案されて決められているといえ，直観的に議論されている「地区割り」仮説は，このようにデータの上でも支持されるのである。

ただし，留意しなければならない点が1つある。公債費負担比率の符号が，予想される傾き（マイナス）ではない点である。演繹的に導かれた推論からすれば，財政的に厳しい自治体は，議員定数を削減しなければならない。議会の活動財源も基本は税であり，財政が厳しいのであれば，議会活動予算もそれに見合った規模にしなければならない。そう考えれば，公債費負担比率が高い自治体ほど，議員定数は減らされなければならない。しかしながら，表7-3の結果は，人口要因や「地区割り」要因を考慮してもなお，公債費負担比率が高い自治体ほど議員の定数が多いことを示している。この結果は，財政状況が非常に厳しくとも，市議会の体面を保つ必要性からか，一定数以下

表7-3 残差を従属変数とする回帰分析の結果

従属変数：残差

	B	標準誤差	β	有意確率
constant	-2.79	0.40		0.000
debratio	0.18	0.03	0.23	0.000
district	0.05	0.01	0.21	0.000
R^2	0.10			
Adj. R^2	0.09			
N	654			

に議員定数を削減することができない実態を示しているのではないか[7]。

V 議論：地域代表意識との関連性

ところで，地区代表傾向と地方議会の定数の関係性については，地方議員の意識からも読みとれる。冒頭で述べたように，筆者は，2002年に北陸3県の全市議会議員に対し意識調査を行っている。ここでは，この北陸3県の市議会議員意識データを用いながら，市議の持つ地域代表意識について検討しておこう。

筆者は，議員に対する意識調査の質問項目の1つとして，「市議は市全体の代表としてふるまうべきか，それとも自らが選出された地域（町内会）の代表として振る舞うべきか」という質問を行っている。この問に対する回答結果は，図7-3の通りである。市全体の利益を優先すべきと考える議員は全体の約55％，町内会の意向を優先すべきと考える議員は概ね37％である。

伊藤（1993）によると，地方議員は支持基盤や立候補の経緯に応じ，幾つかに分類される（表7-4）。日本の小規模自治体では，地方議員は

図7-3　市議会議員の代表意識

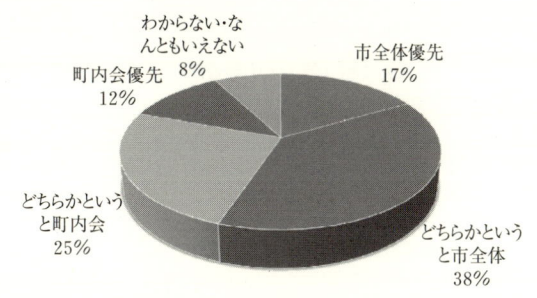

わからない・なんともいえない 8%
町内会優先 12%
どちらかというと町内会 25%
どちらかというと市全体 38%
市全体優先 17%

原データより筆者作成

表7-4　地方議員の類型

支持基盤	立候補の決定	
	政党・組織	個人
一元的	利益代弁型 （組織代理者型）	名望家型 （上昇志向型）
多元的	政党従属型 （輸入政治家型）	キャッチ・オール型 （特権的政治家型）

議員の役割	職業的 vs. 兼業的	
	職業的	兼業的
利益・意見の反映	利益代表型	地域ボス型
議会審議	職業政治家型	名誉職型

出典：伊藤（1993）

---

(7) かつて産炭地として名を馳せ，廃鉱後，人口流出が止まらない地域がこれに該当する（夕張市や歌志内市など）。

「名望家型」もしくは地域の「利益代弁型」になりやすく，選出母体の地区に目が向きやすいといわれる。そのため，一般的には，小さな自治体の議員ほど議員の地元意識が強くなるといわれている。果たして，その通りなのであろうか。

代表意識に関する回答と，それぞれの議員が所属する市の人口規模との間でクロス集計した結果をみると（表7－5），それは一概にいえないことがうかがえる[8]。χ^2検定等の結果は，この意識と市議会議員の所属する市の規模との間に明確な関連性があるとはいえないことを示している。

しかし，この問に対する回答を従属変数とし，独立変数に，市議会議員の個人属性（「性別（sex）」「年齢（age）」「居住期間（resident）」「後援会の有無（koenkai）」「当選回数（ntimese）」），立候補の経緯（「自薦ダミー（selfrec）」「政党ダミー（partyrec）」「町内会ダミー（blockrec）」），地域の集約度（「中学校1人当たり人口（poppjhs）」）を用いて回帰分析を行うと，表7－6のような結果が得られた[9]。この回帰分析からは，次のような傾向をみてとること

表7－5 人口規模別の回答結果

			市全体優先	どちらかといえば市全体	どちらかといえば町内会優先	町内会優先	合計
人口規模	15万人以上	度数	7	14	11	6	38
		比率	18.4%	36.8%	28.9%	15.8%	100.0%
	5－15万人	度数	23	31	22	10	86
		比率	26.7%	36.0%	25.6%	11.6%	100.0%
	5万人未満	度数	19	62	37	18	136
		比率	14.0%	45.6%	27.2%	13.2%	100.0%
合計		度数	49	107	70	34	260
		比率	18.8%	41.2%	26.9%	13.1%	100.0%

$\chi^2 = 6.41$　$df = 6$　　意識を従属変数とするSomers' $D = 0.04$

(8) クロス集計では，「わからない」「なんともいえない」とした回答者を除外している。
(9) 各変数の尺度は次の通りである。
性別（sex）：男性＝1／女性＝2
年齢（age）：40歳未満＝1／40－44歳＝2／45－49歳＝3／50－54歳＝4／55－59歳代＝5／60－64歳＝6／65－69歳＝7／70歳以上＝8
居住期間（resident）：「昭和の大合併」以前から住民＝1／それ以外＝2
後援会の有無（koenkai）：後援会あり＝1／後援会なし＝2

表7－6　市議会議員の代表意識を従属変数とする回帰分析の結果

	全市 B	β	有意確率	5-10万人の市 B	β	有意確率	5万人未満の市 B	β	有意確率
constant	4.07		***	3.59		***	3.91		***
sex	−0.10	−0.03		−0.34	−0.11		0.48	0.12	
age	−0.07	−0.10		0.05	0.07		−0.10	−0.16	
resident	−0.29	−0.12	＋	−0.21	−0.09		−0.44	−0.18	＋
koenkai	−0.40	−0.15	＊	−0.14	−0.06		−0.52	−0.21	＊
ntimese	−0.07	−0.14	＊	−0.14	−0.26	＊	−0.05	−0.10	
selfrec	−0.26	−0.08		−0.57	−0.20	＋	0.04	0.01	
partyrec	0.07	0.02		−0.22	−0.07		0.24	0.08	
blockrec	0.42	0.22	***	0.47	0.22	＋	0.33	0.19	＊
poppjhs	0.00	−0.17	**	0.00	−0.09		0.00	−0.27	***
R²	0.17			0.22			0.21		
Adj. R²	0.14			0.12			0.14		
N	238			80			122		

***:prob.<0.005, **:prob.<0.01, *:prob.<0.05, +:prob.<0.1

ができる。

まず，全市をサンプルとした結果からは，

①立候補を町内会の者から勧められた市議会議員は，町内会を優先して考える傾向にある，
②相対的に地区の集約が進んでいない市（対人口比で中学校が多い）選出の議員も，町内会優先と考える傾向にある，

という2点を見いだすことができる。

続いて，人口規模でサンプルを分割して回帰分析を行ってみたところ，

自薦ダミー（*selfrec*）：立候補の経緯が自薦＝1／それ以外＝0
政党ダミー（*paratyrec*）：立候補の経緯が政党からの働きかけ＝1／それ以外＝0
町内会ダミー（*blockrec*）：立候補の経緯が町内会からの働きかけ＝1／それ以外＝0
当選回数（*ntimese*）及び，中学校1校当たり人口（*poppjhs*）は，そのままの数値を用いた。

③立候補の経緯が意識に影響を与える傾向は，それぞれ確認できる，
　　④人口5万人未満の市をサンプルにした結果では，地区が集約していない市（対人口比で中学校が多い）選出の議員の方が，町内会優先と考える傾向にある，

などが確認できた。

　これらの回帰分析の結果は，前節の分析結果を補強する結果とみなせるのではないか。なぜなら，地域から推薦を受けて立候補し当選した市議会議員は，地域の代表を自認する傾向があり，この地域代表を自認することが条例定数の抑制につながっていると考えられるからである。

VI　まとめ

　市町村合併等の影響によって「地区」が多く残っている自治体では，地方議員候補のリクルートは町内会のような地区組織中心に行われ，そこから選出され当選した地方議員は，自治体全体の利益よりも自分の選出地区の利益を優先しようとする。また，そのような環境下にある自治体では，議員定数の削減が抑制される傾向にある。また地区代表という意識の高い議員が多ければ，落選確率が高まるような積極的な議員定数削減案は提案されにくく，その結果，地区数に応じて議員定数が決まってくると考えられる。

　補足的に，「昭和の大合併」以降に「合併を経験した市」を1，「経験していない市」を0とおき，さきほどの分析に用いた残差のt検定を行ったところ，0.1％水準で有意であった。「昭和の大合併」以降に合併したケースのほとんどは，中心市が周辺町村を吸収合併（編入合併）したものである。合併を経験している市の地方議会の定数が相対的に大きくなるのは，旧周辺町村の住民からの「声が行政に届かない」という批判をかわす必要性があったからであろう。合併特例を利用した過去が，議員定数削減をより困難にしているのである。

　このようにみると，日本の地方議会には，合併の遺産である「地区割り」を通じ，地区の意向に沿って行動できる人物が地方議員候補としてリクルートされ[10]，地元に対する貢献を行うことで再選されていく構造があると思われる。議員は地区のために働くことが期待され，また議員もそれが自分の役

割と認識しているのがデータからうかがえる[11]。

　日本の地方議会を「地区代表としての意識が共有される場[12]」ととらえることができるのであれば，地方議会で政策論争や条例制定が行われず，地区が対立しないような調整が最優先されるのは当然，と思われる。また，党派を超えて「地域の悲願」のために議員が一致協力し中央に陳情する「総与党化議会」が登場するのも，こうした構造に因るところが少なくないであろう（河村，2008a）。地方議会が不活性である原因は，地方議会の権限の乏しさによる部分もあるが（小林・中谷・金，2008），こうした「地区割り」の構造も要因の1つといえるのではないだろうか。

　本章では，「平成の大合併」以前の，比較的議員数が安定した時期を分析した。合併が「地区割り」重視の議会を生み出すと考えられるのであるならば，「平成の大合併」でも同様の傾向がみられるのではないだろうか。次章は，これについて検討する。

---

(10)　「地区割り」は人口規模との関連性も高い。立候補経緯と人口規模でコレスポンデンス分析を行ったところ，一般的にいわれているように小規模自治体では地区推薦により立候補する者が多くなるが，20万人規模を超えるようなところになると労組などの組織からリクルートされる議員が多くなる。このことは，地方自治体の最適人口規模を考える上でも重要である。
　　　人口が特例市以上になると組織の後ろ盾がない者は当選しにくくなるが，人口が小さいと地域の後ろ盾がないと当選しづらくなる。自薦の者などが立候補できる環境が自治としての最適人口規模と考えると，一般市が最適となろう。

(11)　自己の再選のために「地区重視」の姿勢をとっているという見方もできるが，「支援者の意向を無視することができないので，地方議員はそのような態度をとらざるをえない」という見方も可能である。

(12)　一部の地域では，「江戸時代からの寄合・総代会が明治期の町村会の基礎になったこと」「戦前の議員が名誉職であり地方の名望家がその任を担ったこと」などの経緯が，こうした意識形成に大きな影響を与えたと考えられる（地方自治百年史編集委員会，1992；源川，2001；渡辺，2001）。

第 8 章

「平成の大合併」後の議員定数

― 合併の影響の測定と地方議会が抱える課題

I はじめに

　「平成の大合併」では，多くの合併自治体が，地方議員の在任特例及び定数特例を利用した。総務省作成の「合併デジタルアーカイブ[1]」で検索をすると，在任特例を利用することを決定した協議会は324件，定数特例を利用することを決定した協議会は119件にものぼる（執筆時）。これらの特例を用いなかった協議会が165件であるから，多くの協議会が，議員に関する合併特例を利用したといえる。

　多くの協議会が在任特例や定数特例を用いた理由には様々なものがあるが，主たる理由としてあげられるのは，「合併に反対する議員たちを懐柔するために用いた」というものであろう。市町村合併を進める手続き上，合併議案を議会が可決する必要がある。合併議案を議会が否決した場合，合併手続きはデッド・ロックに陥る。事実，幾つかの法定協議会は，合併議案を議会が否決した結果，解散に追い込まれた。地方政治の場において，地方議会はしばしば「拒否権プレーヤー」となるが（北村，2002），市町村合併ではとくにそうなりやすい。議員自身の身分に影響が及ぶからである。そのため，議会が拒否権プレーヤーにならないよう，失職する可能性が高い議員を懐柔する手段として「在任特例」などは準備されているといえるだろう。

　しかしながら，こうした特例は，思わぬ副産物を生み出す。議員定数が100

（1）　http://www.gappei-archive.org/　（2009年7月23日訪問）

表 8 − 1 　人口10万人を切る自治体で合併直後の議員数が80人を上回った事例

	合併直後の議員数	法定上限数	合併市町村数
大仙市	136	30	8
由利本荘市	129	30	8
魚沼市	96	26	6
南アルプス市	95	30	6
豊岡市	95	30	6
萩市	94	30	7
五島市	92	26	6
渋川市	92	30	6
対馬市	90	26	6
伊達市	81	30	5
甲賀市	80	30	5

原データより筆者作成

人近くなり、会議体としては機能しない「マンモス議会[2]」の誕生である。たとえば、秋田県の大仙市や由利本荘市は、合併直後の人口が10万人に満たないにもかかわらず、議員定数が100人を超える事態となった。(表8−1)「マンモス議会」が誕生した事例をみると、その多くが、合併交渉に多くの市町村が参加した広域合併、本書では「引き算型合併」と表現する合併であったことに気づく。多くの市町村が広域行政の枠組みで合併交渉に参加し、人口の少ない町村の議員に配慮した結果、在任特例が用いられ、「マンモス議会」は誕生したのである。

　地方議会は、有権者である住民の声を反映すべき機関であり、定数が多ければ多いほど、議会に有権者の声が届く確率は確かに高くなると考えられる。平等主義の観点からみたら、政治的コミットの確率が上昇するので望ましい状態なのかもしれない。しかしながら、議会の定数を際限なく増やしていけば、報酬や政務調査費といった議員にかかる費用もその分必要となるし、会議体としての議会は成立しなくなる（大出、1977）。そのため、こうした「マンモス議会」が発生することに対し、住民が強く反発したところもあった。たとえば、表8−1中の魚沼市議会や南アルプス市議会は自主解散に追い込まれているし、五島市議会ではリコールが成立している。

　ただし、全ての住民が、特例の利用を否定的にみていたわけではない。新自治体で周辺部に位置づけられることになった有権者の中には、「自分のと

---

(2) 　一般に使われている「マンモス議会」という用語は、定義が定まらないまま使われている。本書では、「法定上限数の2倍を超え、会議体として支障をきたす状況に陥っている地方議会」という意味で用いる。なぜなら、単に定数が多いという意味で使ってしまうと、政令指定都市の議会は全て「マンモス議会」となってしまうからである。

ころから1人も議員を出せないのは回避したい」という思いを抱く者も少なくなかったし，在任特例の期間を「合併後の地域代表を誰にするかの調整期間」として「マンモス議会」の誕生に理解を示す者もいた。「在任特例は激変緩和措置であり致し方ない」とみる住民がいたのも事実である。

II　計量分析：市町村合併と議員定数の関係

1　仮説とデータ

　「マンモス議会」の事例は，在任特例を使って議員生活を延ばしたいと考えた議員が少なくなかったことを示している。合併後も議員でいることを望む議員が多ければ多いほど，合併特例が利用される確率は高くなると予想されるし，合併後の自治体の議員定数も減りにくくなると予想される。とりわけ，周辺部に位置づけられることになる自治体の住民は，自らの地域の発言権を維持すべく，地区の代表としての議員選出にこだわるだろう。このこだわりは新たな「地区割り」志向ともいえるし，議員定数を削減することを難しくする。すなわち，合併交渉では議会対策として在任特例・定数特例が用いられた結果，合併自治体の議員定数は同規模の非合併自治体のそれよりも相対的に多くなっている可能性が高い。そこで，前章の分析結果との比較も兼ね，合併自治体と非合併自治体の間に有意差があるのか，まず検討したい。なお，ここで用いる従属変数と独立変数は次の通りである。

　従属変数は，基本的に2008年末日現在の全市議会の議員定数（東京23区は区であるので除く）とする。ただし，定数特例によって議員定数が法定上限数を超えている市は存在する。また，次の選挙で定数削減を予定している議会も少なからずある。そこで，従属変数は，基本的には2008年12月末日現在の議員定数を用いるが，定数特例を利用しているところは合併協議会で合意した議員定数に，次回選挙で定数削減が確定しているところは次回選挙での定数に差し替え，従属変数とする。

　独立変数は，人口を1／3乗した値（pop）と，合併に関するダミー変数を用いる。合併に関するダミー変数は，1999年から2009年7月までに「合併を経験した市」を1とし，「経験していない市」を0とする「合併ダミー（D）」，同時期に「編入合併を行った市」を1とし，「編入合併を行っていない市」を

0とする「編入ダミー (D_a)」,「新設合併を行った市」を1とし,「新設合併を行っていない市」を0とする「新設ダミー (D_m)」の3つを設定する。

分析は,①独立変数を pop のみとする回帰分析（モデル1）,② pop と D の2つを独立変数とする回帰分析（モデル2）,③ pop と D_a, D_m の3つを独立変数とする回帰分析（モデル3）を,それぞれ行うこととする[3]。

2 回帰分析の結果

回帰分析の結果が,下の表8-2である。

表8-2 回帰分析の結果（「平成の大合併」後）

	モデル1 B	有意確率	モデル2 B	有意確率	モデル3 B	有意確率
constant	1.62	0.00	-0.69	0.04	-1.18	0.00
pop	5.35	0.00	5.40	0.00	5.53	0.00
D			3.92	0.00		
D_a					2.13	0.00
D_m					4.28	0.00
R^2	0.85		0.90		0.90	
Adj. R^2	0.85		0.90		0.90	
N	782		782		782	

まず,前章（90年代）の結果と比較してみることにしよう。p（千人）に対する議員定数を S とした場合,前章の結果は,

$$S = 5.404 \times p^{\frac{1}{3}} + 2.922 + \varepsilon$$

---

(3) なおデータについてであるが,議員定数のデータの作成には,基本的に全国市議会議長会のホームページ及び各市議会のホームページを参照し,独立変数の人口（千人単位）は2006年の住民基本台帳のデータを利用した。なお合併ダミーに関しては,第2章で用いたデータを基本的に流用し,合併特例法失効後以降は,各市および法定協議会のホームページを参照し作成した。なお,さいたま市や静岡市など幾つかの市は,同期間に編入合併と新設合併の双方を経験している。この場合は,編入ダミーと新設ダミーの双方の値が1となっている。

と表すことができ，本章の結果（モデル1）は，

$$S = 5.345 \times p^{\frac{1}{3}} + 1.620 + \varepsilon$$

と表すことができる。この2つの式を図示したものが，図8－1となる。「平成の大合併」以降の議員定数のカーブの方が下に位置していることは，式を比較すればわかる。この結果は，合併交渉に並行して，議会改革の一環として定数見直しが進められていたことも示している。なお，決定係数の値を比べてみると，前章が0.89，本章のモデル1では0.85であり，「平成の大合併」以降の議員定数の方が，人口で説明できる分散が少ないことを決定係数の差は示している。このことは，「平成の大合併」以降の市議会の議員定数が，以前に比べ，人口以外の要因の影響を受けて決められていることを示していると考えられる。

モデル2及びモデル3の結果は，合併自治体と非合併自治体の違いを明らかにしている。モデル2の結果をみると，合併を経験した市議会の定数は，合併を経験していない市議会のそれよりも多くなる傾向にあることがわかる。合併ダミーは0.5％水準で有意であり，推計結果に従えば，合併経験の有無で定員に約4人の差が生じることになる。更に，編入ダミーと新設ダミーを独立変数に用いたモデル3の結果は，合併の形態によって議員定数に更に違い

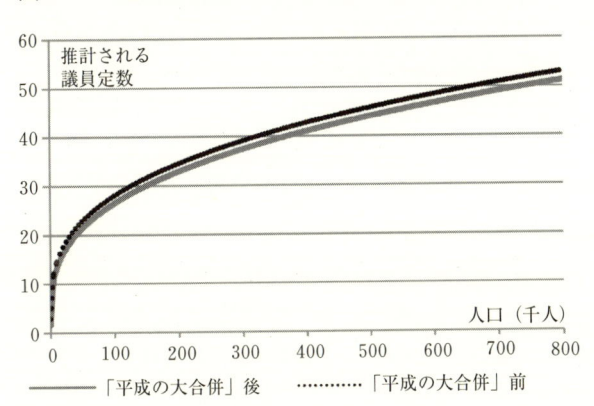

図8－1　前章の推計式と本章の推計式のグラフ化

が出ていることを示している。編入及び新設の両ダミー変数は0.5％水準で有意であり，推計結果に従えば，編入合併の事例では2人程度，新設合併では4人程度，議員定数が多くなることになる[4]。

モデル2とモデル3の結果から，合併自治体と非合併自治体の間で議員定数に有意差が生じており，また合併形態によっても違いがあるといえる。新設合併では編入合併に比べ，中心自治体の発言力が弱く，合併交渉での「地域の声をきく」という圧力に屈しやすい。合併自治体で議員の数が多めになるのは，合併交渉での「地域の声をきく」という圧力が影響していると考えられる。

3 「地区割り」が進む機会としての「合併」

前章でも議論したように，地方議会の議員定数は「地区割り」と結びつきやすい。「地域の声を聞く」という圧力が議員定数を大きくするからである。加えて，公職選挙法第15条第6項の規定による選挙区設置の特例の利用は，それを助長する。

通常，合併後にはじめて行われる地方議会の一般選挙は，以前の「地区割り」の再編選挙とみなすことができる。この選挙では，「昭和の大合併」以前の自治体構成を意識した「地区割り」が，「平成の大合併」直前の市町村構成を意識した「地区割り」に変更すると考えられるからである。とくに編入合併では，編入される自治体の議員が，自らの保身等のために在任特例や定数特例の利用を積極的に要求するといわれている。そうした議員たちの個人的な要望が，編入合併特例定数や選挙区設置に結びつき，それが結果として「地区割り再編」に結びつくと考えられる[5]。

しかし，市町村によっては，意図的に「地区割り」を進めるため，合併交渉の前に議員定数を減らし，それを交渉材料に合併に臨んだところもあった。合併の交渉段階から「地区割り」を意識し，議員たちもそれを了承して合併交渉に臨んだというのである。こうした対応は，合併交渉先に好印象を与え

（4） 面積拡大の要因も検討しておく必要はあろう。
（5） 第3章で検討した白山市も，選挙区を設置選挙で設定するため定数特例を利用している。

る効果と条件交渉での譲歩を引き出す効果を狙ったものとみることができる。たとえば，焼津市及び大井川町合併協議会（静岡県焼津市・編入合併）6における大井川町側の行動が，これに該当する（図8－2）。

　編入されることがほぼ確実なことを理解した大井川町議会は，合併前に議員定数を14から7へ半減させた7。大井川町側が「地区割り」を戦略的に進めようとした背景の1つには，大井川町が町営港や工場群など大きな財源を抱えており（合併時で財政力指数が0.9以上），合併しても一定の発言力を維

図8－2　焼津市及び大井川町合併協議会と関係市町村の位置関係

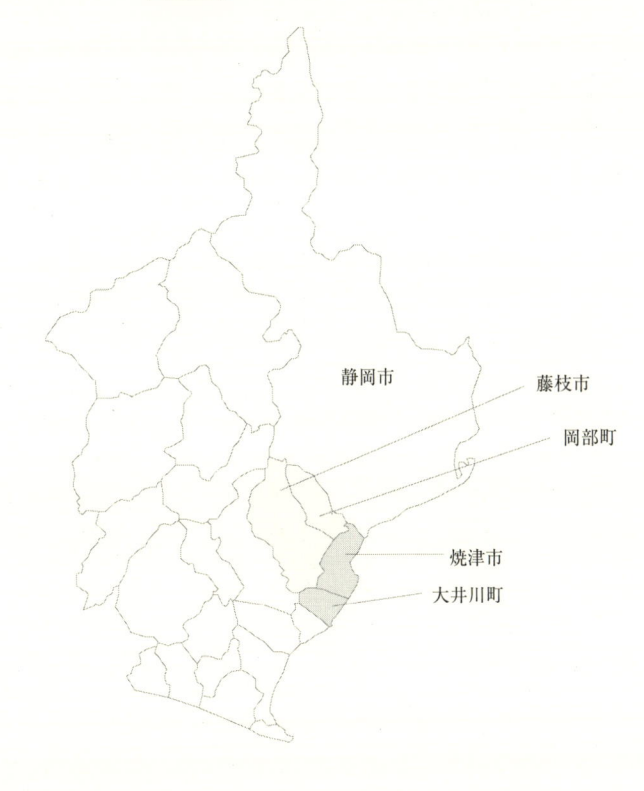

（6）　この合併は，合併新法下での事例であることに留意。
（7）　『静岡新聞』2007年11月26日，『中日新聞（東海本社版）』2007年11月28日。

持したいという思惑があった。ただし，合併前の旧焼津市と大井川町の人口は，直近の国勢調査によると，旧焼津市が約12万人，大井川町が約2万3000であり，比率にすると概ね5対1である。合併後の焼津市の議員定数は25人以内が模索されていたので（焼津市，2009），仮に25人とすると大井川町から選出される議員は3，4人程度でしかない。その危機意識が議員数の半減につながったのである。元大井川町議会議員のある後援会幹部は，筆者が2009年3月17日に行ったインタビューに対し，次のように答えている。

　　人口比からみて，大井川町から焼津市議会に送り込める議員数は，おそらく3，4人であろう。ただ，農業の片手間で議員をしていた名望家的な者は，（焼津市の）市議相手に太刀打ちできない。合併前に議員を削減することは，焼津市議としてわたりあえる人材の早期選抜と選挙地盤の強化に結びつけられる。合併前に思い切って議員数を半減し，更に在任特例の間に候補者調整を行えば，大井川の発言力を維持することができる。

　大井川町のように議員数を半減するという積極的な事例は希であるが，合併前に議員数を削減し，「地区割り」を積極的に促そうとする動きは十分にありうる話である。地方議員の「地区割り」意識を考えるとき，こうした可能性もあることを我々は知っておく必要がある。
　ところで，「平成の大合併」後，地方議会の「地区割り」は再編されたのであろうか。筆者の限られたインタビュー結果では，「地区割りが再編された」という回答がどちらかといえば多い[8]。ただし，少子化の影響や効率化の追

---

(8) 中には，「(特例が終わった)一般選挙になって，中心部（旧中心自治体）を地盤とする議員が予想以上に少なくなり，周辺部を地盤とする議員の方が増えた」という回答もある。こうした状況が生じる背景には，中心部と周辺部の地域代表に対する意識の差があるようである。周辺部の住民の中には，地域の代表が議会にいなくなることへの危機感を抱く者が少なくない。これは，周辺部を地盤とする候補者への投票決定を強く促し，また中心部に暮らす親族（とりわけ自分たちの子ども）への投票の働きかけを活発にする。一方，中心部は都市化が進み，周辺部ほどの危機感がない。そうした危機感の

求のため小中学校の統廃合が議論されている自治体も少なくなく,「地区割り」はまだ再編途上にあると評価した方がいいのかもしれない。最終的な評価を下すには,もう少し時間がかかるだろう。

III 議論:議員定数と議会改革の関連性

　第7章では議員定数と「地区割り」に注目した。合併自治体は非合併自治体よりも議員定数が相対的に多くなる傾向がある。「地方議員が,地域の代表として行政に声を伝える」という考え方は,代議制民主主義下では誤った考え方というわけではない。地方議員数が多ければ多いほど,地方議員に対する住民の接触確率は高まり,住民の意見が地方議員を経由して行政に伝わりやすくなる可能性が高いからである。また,社会的ネットワークが密である住民(とりわけ,地方政治家や自治体職員とコミュニケーションができる住民)は政治情報の収集コストは低く抑えられるし,政治参加しやすくなる(Ikeda and Richey, 2005)。国政選挙で農村部の投票率が都市部に比べて高いのは,有権者の投票義務感が高いだけではなく,都市部に比べ,地方政治家や後援会関係者との接触が密だからである。

　ただ,「地方議員は何のためにいるのか」という問題意識があって,はじめて議員定数や「地区割り」を考えることができる。この根本の部分を,我々は忘れてはならない。議員定数は,地方議員の役割をどうみるかによって,大きく左右されるはずである。日本では,地方制度がほぼ画一的になっているが,本来ならば,地方議員を執行部と渡り合うプロフェッショナルとして考えるのか,それともアマチュアリズムの観点から,執行部が民意から離れた行政運営をしないようチェックする存在として考えるのか,それらによってあるべき議員定数は違ってくると考えられる。

　仮に前者の立場で議員をとらえるのであれば,基本的に議員は少数精鋭となる。なぜなら,議員の条例・政策立案機能を大幅に高める必要性や,より専門的な知識を吸収する機会をつくるための生活の保障を考えると,議員数は限定せざるをえないからである。一方,後者としてとらえるのであれば,地方議会は執行部が進めようとする行政方針を承認する場であり,議員は監

違いが,投票結果に表れるのである。

視役であり請願者代表となる。明治以来の日本の地方議員像は基本的に後者であり，議員は地域の情報を行政に伝えることが求められるが，政策形成の専門的なスキルはそれほど求められない存在であった。仮に後者を追求するのであれば，議員定数は多く，報酬は抑えられることになる9。

更に，議員に専門性を求めない場合であっても，議員定数は時代によって変化すると考えるべきである。戦前のように，情報伝達技術が未成熟で高速交通網も発達していない時代では，議員の地域住民の要望を集約する役割は高い。行政需要をとらえることが困難だからである。しかし，民主主義が浸透し，住民の声を行政に反映する制度が整備されれば，議員のそうした役割は低くなる。今日のようにICT（Information Communication Technology）の普及によって，住民が電子メールや電子会議システム等を利用して，容易に行政にコンタクトできるようになっている時代では，「地域のご用聞き」という役割はますます低くなる。議員を経由せずとも行政に直接意見を述べる環境が整うのであれば，議員数は少なくできるのである。このように考えると，議員定数を議論した市町村合併は，「地方議員のあり方を考え直す1つの機会を得た」と考えることもできる。筆者は，住民参加制度の拡充，ICTの普及，そして地方分権の流れから考えると，合併を機に「地区割り」からの脱皮がはかられるべきではないかと思う。

それでは，現実の議員たちはどう思っているのであろうか。筆者は，地方議員の意識を検討すべく，2008年に河北新報社と共同で議員調査（以下，宮城市議意識調査10）を実施しており，その回答結果をみることにしよう。

地方議員の「地域のご用聞き」からの脱皮は時代的な要請であると筆者は考えるが，市議会議員の方も意識はしているようである。「分権時代の地方

（9） 地方議員を無償の「名誉職」としてとらえた戦前の制度は，前者というよりも後者の考えによって設計された制度といえる（地方自治百年史編集委員会，1992；源川，2001；渡辺，2001）。

（10） なお，本調査は小林・中谷・金（2008）の質問項目にあわせるかたちで行った。調査は，2008年9月，宮城県内13市の議会事務局を通じ，市議421人に対して質問票を配布し，郵送等で回収した。なお，回答は基本的に無記名とした。回答者は242人で，回収率は57.5％であった。調査の概要等の記事は，『河北新報』2008年10月24日，を参照。

議員は住民の意見を聴くだけではなく,条例提案や政策評価等ができる『プロフェッショナル』になるべきだ」という質問に対し,56.4%の市議会議員は「全くその通り」と答え,40.3%が「どちらかといえばその通り」と答えている。また,この質問に対する意見分布は,合併自治体と非合併自治体の間で,統計的な有意差はみられない（Cramer's $V = 0.085$）。多くの議員が,プロフェッショナルになる必要性があることを,頭では理解しているようである。

ただし,ここで「頭では理解している」と注釈をつけているのには理由がある。こうした認識とは裏腹に,議員個々の取り組み・行動は,まだまだかけ声倒れの域に留まっているからである。たとえば,プロフェッショナルになるということを具体的にいえば,市議会議員が条例起案能力や政策立案能力を持つようになることである。そのためには,自らの政策知識を高め,自分の政策立案の協力者のネットワークを広げることが欠かせない。政策立案の能力を高めるには,政党に所属して先輩党員の指導を受けたり,会派内の議員同士で勉強会を定期的に行ったりする必要がある。また,大学やシンクタンクから講師を呼んだり,自治体の外で行われる研修等に定期的に参加したりするといった取り組みも必要であろう。

しかし,宮城県の市議会議員の場合,自らの能力を高めるため,政策に関する勉強会に定期的に参加する議員や,定期的に勉強会を開催する議員は,2割強である。どちらかといえば,勉強会への参加は不定期のレベルに留まっている（図8－3）。また,大学やシンクタンクといった外部機関の利用率も低調である。「大学やシンクタンクを

図8－3　宮城市議意識調査にみる勉強会への参加状況

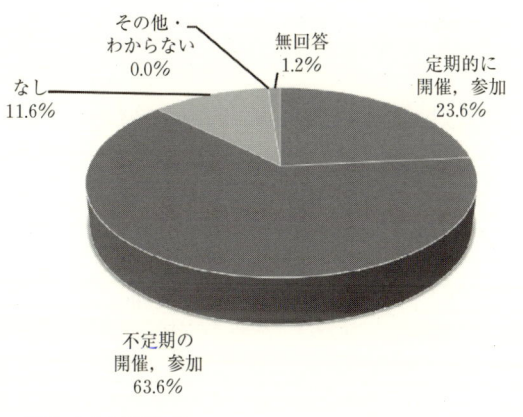

その他・わからない 0.0%
無回答 1.2%
なし 11.6%
定期的に開催,参加 23.6%
不定期の開催,参加 63.6%

原データより筆者作成

利用したことがあるか」という質問に対し，「ない」と回答した者は37.7%にものぼる。「プロフェッショナル化が必要」といいながら，まだまだ行動が伴っていないという指摘は，この結果をみれば妥当な評価であろう。

　ただし，同情の余地がないわけではない。外部機関を利用したり，勉強会に参加したりしている市議会議員は，仙台市では多く，それ以外の市では少なくなる傾向にある。多くの行政機関・研究機関が集まっている仙台市議会議員の場合，外部機関利用率は84.8%，定期的な勉強会の開催・参加は48.5%にもなる。仙台以外の市議会議員の場合では，外部機関利用率54.2%，定期的な勉強会の開催・参加は18.7%となっている。講師に大学教授を呼んだり，議員自らが勉強会に出向いたりするには，常に旅費が必要になる。空間立地論的に考えれば，大都市から遠い自治体の者ほど移動コスト（旅費）がかかるわけだから，「コストがかかるから勉強会に参加しない」というのは合理的な判断ではある。

　しかし，それでいいのであろうか。「それならば政務調査費を増額すればよい」という意見が出るかもしれない。政務調査費を増額することで，議員がより高みにのぼることができれば，地域にとってプラスの還元がなされる可能性が高い。ただし，この選択肢は住民の理解を得られないだろう。地方自治体が財政難であることと，これまでの政務調査費の利用に対し住民が疑念を持っていることが，その理由である。政務調査費は「議員活動を促し，地方議会を活性化する」という建前で導入された。しかし，政務調査費が与えられても議員の条例提案はそれほど増えたわけではなく，費用対効果はきわめて疑わしい。また，政務調査費を使い切れないという議員や不適切な利用をする議員も少なくなく，全領収書の添付という基本的な部分ですらできない自治体もある。財政が厳しい中で政務調査費を増額することは，現状の政務調査費の利用状況からみれば不可能といわざるをえない[11]。

　政府調査費の増額がままならないことを前提に考えると，高等教育機関か

（11）　しばしば政務調査費が批判的に見られてしまうのは，費用対効果がみえづらいことだけではなく，市議会議員のあり方から制度設計がなされていないからであろう。宮城市議意識調査の結果によると，現在の政務調査費制度に対し不満を感じているのは，総じて若い市議である。調査費が一律配分されるため，「勉強したいのに費用が足りない」というのである。

ら遠く離れた市町村で議員の政務調査費を増額するには，まず，政務調査費の領収書添付等，透明性・信頼性を高める制度化をした後，

　①議員定数を削減して，その浮いた報酬分を政務調査費にまわす，
　②議員定数を維持したまま，議員の報酬を低く抑え，政務調査費を増額する，

という選択しかないであろう。議員定数は多いままで，報酬も政務調査費も増額することは住民の理解を得ることができないが，①や②をするのであれば理解は得られると思われる[12]。

　個々の議員の政務調査費の増額が難しいのであれば，小林・中谷・金 (2008) で示されているように，議会事務局の改革を代替策として実施すればいい。議会事務局の権限を強化し情報収集の機能を高めれば，幾つかのメリットが発生するからである。たとえば政策で先駆的な取り組みをしている自治体の視察であっても，議会事務局の情報収集機能が高まれば，これまでのように議員が大挙して視察する必要はなくなり，議員にかかる費用（ここでは旅費であるが）は，かなり節約することができる。事務局職員を視察に派遣することによって，議員は居ながらにして先行自治体の情報を手にいれることができるだけではなく，市民オンブズマンらの無駄遣い批判を回避することもできる。更に，議会事務局に法制局のような機能が付け加われば，議員立法を行う環境がより整うことにもなる。宮城市議意識調査では，現在の議会事務局では「分権時代に適応できない」と感じている市議会議員が55.9％もいる。

---

(12)　①は難しいという意見はあるかもしれない。しかし，前述の大井川町の事例は，少ない人数でも十分な議会運営を行える可能性を示している。合併直前に大井川町議会議長を務めた田中祥朗は，筆者のインタビューに対し，議員定数が少なくとも「議員がきちんと勉強すれば，何とかなる」と答えている。議員が少なければ町全体の政策課題に精通する必要性があるし，「少ないからこそ本当の町全体の代表になれる」というのである。大井川町議会の定数が7だった期間は，「町議会議員から市議会議員に脱皮するための準備期間」という側面が大きいが，彼らの挑戦は議員定数と議員のあり方を考える上で貴重である。

議会事務局の改革もまた，議会改革の1つなのである。
　議員定数を見直すだけが議会改革ではない。議会本来の機能[13]を考えた上で，議員定数がどのぐらいが適正なのか，報酬・政務調査費のあり方や議会事務局のあり方も含めて検討することが議会改革には求められると思われるのである。

Ⅳ　まとめ

　「平成の大合併」は，地方議員の絶対数は減らしたが，周辺部からの声を行政に届ける激変緩和措置として在任特例などが使われた結果，「マンモス議会」が発生するなど混乱も起こった。周辺部になる町村の住民に配慮した結果，「議員は旧町村の陳情係」という意識を芽生えさせ，「地区割り」はむしろ強化された感もある。思い切った議員定数の削減ができる合併自治体は，それほど多くはないのではないだろうか。
　筆者は，議員定数を含め，地方議会を全国一律とする制度自体を見直す時期に来ているのではないかと思う。議員定数は「住民がどのような議員像を望んでいるのか」という問題意識から逆算して議論されるべきではないだろうか。たとえば，アマチュア的で執行部を承認する議員を住民が求めているのであれば，安い報酬で政務調査費を与えない議員を多くすればよいだろうし，執行部に政策の対案を出せるプロフェッショナルな議員を住民が求めているのであれば，高い報酬・高い政務調査費を議員に与える一方で議員定数は少なく抑えればよいだろう。議員のあり方自体を住民自身が考える方が，「地方自治」の精神に即しているのではないだろうか。そして，議員定数を検討する際には，議員の報酬・政務調査費とセットで考えるべきなのではないだろうか。
　「かつてほど『ご用聞き』という役割は議員に求められていない」というのが筆者の立場である。なぜなら，行政への住民参加制度の整備が進む一方で，ICTが普及し，議員を経由せずとも行政に直接意見を伝えることができる時

---

(13)　議会本来の機能について，中央官僚（総務省職員）と地方政治家（鳥取県知事）を経験した片山は，税のあり方とも関連させた興味深い考察を行っている（片山，2007）。

代になっているからである。市長への手紙は電子メールに代わり,自治体によっては電子会議のシステムまで備えたところもある。合併で広域化した自治体の執行部ほど,こうしたシステムを積極的に検討し導入すべきではないか。高速交通網・高速通信網の整備によって経済のボーダーレス化が進む時代に,今更,「地区割り」ではないように思える。

地方議員のあるべき姿は,中央地方関係や時代的な要請によって変化すべきである。ICTの普及と行政への住民参加制度の拡充といった時代背景を考えれば,合併は議員のあるべき姿を考える良い機会といえる。議員や一部住民からは,「議員の少数精鋭化は,議会運営に大幅な支障をきたす」という反対があるかもしれない。しかし,少ないからこそ自治体全体を考える議員が選出されることになるし,大井川町の経験は少ない議員でも議員の心もち次第でなんとかなることを示している。筆者は,地方分権の進展等も考慮すれば,これからの地方議員は,条例立案の能力や政策評価の能力といった専門的な能力をもつべきであろうし,陳情するにあたっては行政に対して数値で説明できるようにならなければならないと思う。職員に対し「なんとかしてくれ」ではなく,具体的に指示できるようにならなければ,高度化する行政需要に対応しきれないし,議会の活性化はおぼつかない。かつての地方議員は,図8-4の左下部で十分であった。しかし,現代求められている議員像は右上部であろうし,現代の地方議会は右上部へシフトできるように改革し

図8-4 求められる議員像と情報技術・政治参加制度の関係

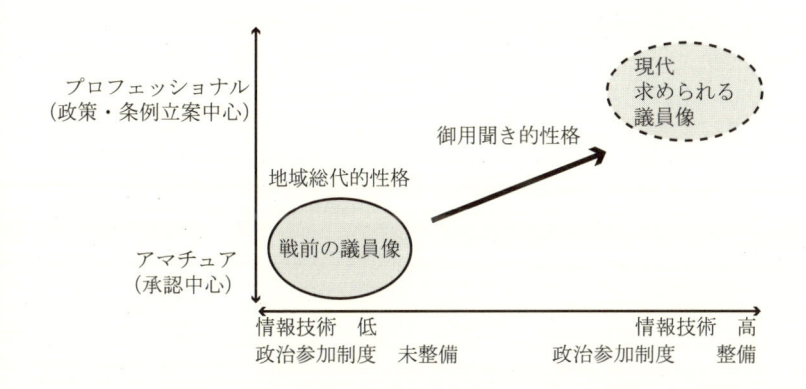

ていくべきではないだろうか。
　ただし，地方議員のあるべき姿は住民が決めるべきという考えもある。住民は地方議員をどうあるべきと考えているのであろう。この点についても，今後，検討していく必要はあろう。

第9章

合併評価の考察

― 地方議員と住民の2つのサーヴェイから

I　はじめに

　「平成の大合併」では，将来のまちづくりに関する議論は白熱し，様々な要望が新自治体の建設計画に盛り込まれた。しかし，将来のまちづくりが議論されたとしても，それに見合う税収がなければ「絵に描いた餅」である。石上（2006）は，合併した直後の自治体には3つの課題が存在すると指摘する。

　第一の課題は，合併協議時に策定した新自治体の建設計画が妥当であるか吟味し，それが難しい場合見直せるかである。合併協議時に策定された建設計画は，合併を頓挫させないことを最優先した総花的なものであり，合併後の財政力を想定したものになっていない場合が多い。とりわけ，「三位一体の改革」に伴う地方交付税の削減や，金融危機に伴う地方税収の減少は，こうした計画の実現可能性を大幅に低下させている。現実的に妥当でない計画を執行することは，新たな財政危機を生み出しかねない。

　第二の課題は，受益と負担の適正化への配慮であり，これらの水準の統一である。合併協議では住民の反発を回避するためにこれらが先送りされてきたし，どちらかといえば低い自治体の水準にあわせる傾向が強かった。しかし，長期的な見通しを考えれば，こうした状況を維持し続けることは容易ではなく，現実に即した形に是正していく必要がある。とくに移行措置（激変緩和措置）にかかるコストを考えると，移行期間は短ければ短いほどよい（Kawamura, 2010）。

　第三は，行財政の効率化の推進である。合併は，スケールメリットを享受

するために行ったことが前提であるから，効率化が進まなければ「合併は意味がなかった」と判断されかねない。しかしながら，人事制度などの影響から，合併の効果が明らかになるまでには時間がかかる。合併の効果を出すためには，機構改革（たとえば，組織の統廃合や昇進システムの見直し）や新しい行政技術の導入（たとえば，電子決済や電子申請システムの導入等）が必要であるが，これまた移行措置・期間の設定がネックになる。

　すなわち，「合併の効果は計画した通りに表れる保証がないため，合併時に取り決めた内容について合併後すぐに評価をし，その評価から取り決めが妥当であるか判断し，もし妥当でなければ適切に変更すべき」と石上は主張するのである。

　ただし，合併の評価を測定するのは容易ではない。なぜなら，合併に関する評価には，「短期的な評価」と「長期的な評価」の2つがあるからである。たとえば，第6章の分析は「初代首長選挙は，合併の短期的評価としてみることができる」という前提にたって分析を行っている。しかし，合併で生じた地域対立は，首長選挙の対立構図に影響し，それは長期にわたってその自治体の行政を拘束する可能性もある。そうすると，十数年先の首長選挙の対立構図は，合併の長期的な影響と評価されることになる。行財政効率も同じである。たとえば，日本では合併を根拠とする職員の解雇を行わないよう制限されているため，合併後，急速に人件費を抑えることは不可能である。人件費に関する合併の効果は，退職者数よりも新規採用者数を少なくするなどの施策を継続することによって，徐々に表れる。現在，効果が出ていない改革であっても，将来には効果が出るかもしれない。合併の評価を行う者には，短期的な視点と長期的な視点の両方があることを認識しておく必要がある。

　更に，評価に対するアプローチも様々である。行財政的な効率の観点から合併を評価することもできる一方，「住民が合併して良かったか」という意識の面で評価することもできる。場合によっては，「行財政効率の面では合併してよかったが，住民感情からみれば合併はよくなかった」という結果も出る可能性がある。また，評価を実施した時期によってその結果が変わってくる可能性があるのが，合併評価ともいえる。合併してすぐの時期に「効果が出ていない」という批判があったとしても，「だから合併は失敗だった」と安易に結論づけられない。長期的な努力によって，「あのとき合併してよかっ

た」と回顧されるかもしれないからである。

「平成の大合併」についての総合的な評価は，総務省（市町村の合併に関する研究会）[1]や全国町村会（道州制と町村に関する研究会）[2]などで既に試みられている。菅沼（2005）や今井（2008）の分析も，評価の1つといえる[3]。これらは，現時点での評価という位置づけであり，絶対的なものではない。様々な評価のうちの1つであることを忘れてはならない。本章では，意識調査の結果を利用し，現時点での合併の評価を検討する。合併時の計画が履行されないことに不満を持つ議員や住民は必ずいる。本章では，住民の合併評価だけではなく，議員の評価もからめ，論を進めていくことにしたい。

II　データ

本章で用いるデータは，筆者が河北新報社と共同で行った2つの調査で得られたサーヴェイ・データである。

1つは，「宮城合併4市住民アンケート調査（以下，4市住民意識調査）」である。これは2009

図9－1　分析の対象地域

市名	人口（人）	面積（k㎡）	合併形式	合併年月
石巻市	174,778	550.78	新設	2005年4月1日
大崎市	139,313	796.76	新設	2006年3月31日
登米市	93,769	534.45	新設	2005年4月1日
栗原市	84,947	802.57	新設	2005年4月1日

人口・面積は2000年時
データ出所：各自治体資料より筆者作成

---

(1) http://www.soumu.go.jp/gapei/sicyouson_kenkyuukai_mokuji.html（2009年8月17日訪問）
(2) http://www.zck.or.jp/teigen/gappei-ma.pdf（2009年8月17日訪問）
(3) なお，これらの評価は，基本的に，分析する者の立場を大きく反映しており，小規模自治体が望ましいという者は合併に否定的な評価を下しやすく，効率性を志向する者は合併に肯定的な評価を下しやすい。

年3月に実施した調査であり，石巻・登米・栗原・大崎4市（図9-1）の住民に対する電話調査である。総サンプルは754，各市のサンプルは石巻200，登米182，栗原186，大崎186である。

もう1つは，宮城県下の全市議会議員に対して実施した「地方分権と地方議会の役割変化に対する議員意識調査（以下，宮城市議意識調査）」である。これは前章で既に紹介したデータである。この調査は，合併・非合併を問わず全市議会議員に対して質問票を送付しているが，本章では，合併市の住民の意識と比較する関係で，石巻・登米・栗原・大崎の4市の議員の回答のみを用いる（サンプル112）。

対象が宮城県内だけであり，議論には限界があるが，地方議員の評価と住民の評価を比較しながら議論ができる点は，学術上，有意義であると考えられる。また，この4市は広域合併・引き算型合併交渉の典型であり，広域行政圏と市町村合併を考える上でも有用と思われる。

Ⅲ 探索的分析：合併に対する議員・住民の評価

1 住民の評価

まず，住民の合併に対する評価について検討していくことにしよう。

図9-2は，合併に対する住民の評価を図示したものである。合併を肯定的に評価する住民は全体で51.9％，各市別にみると，合併を肯定する住民の比率が最も高いのは栗原市で55.4％，もっとも低いのは石巻市で46.0％であった。図9-2から概ねどの市でも，住民の半数が合併に対して肯定的な評価を下しているといえるが，合併を積極的に評価している住民は多くはない。「どちらかといえば合併して良かったのではないか」とする住民が多数であることに，留意しなくてはならない。登米市の合併協議会に学識者枠で参加したある住民は，「合併自体がそもそも，（夕張のような）最悪の状態を回避したいという中から進められたので，最悪の状態は回避できたという評価が肯定する者の多さにつながっているのではないか[4]」と指摘している。また，栗原市の肯定的な評価は，岩手・宮城内陸地震の震災復興での対応が影響し

（4） 2009年8月18日に登米市で行ったインタビュー。

ているようである5。総じて，今回の合併が，最悪の状況を回避するために行ったという認識を多くの住民が共有しており，それがこうした結果に結びついていると考えられる。

ところで，合併に対する評価は，どちらかといえば周辺部におかれた住民の方が評価しない傾向にあるといわれる。「まちが寂れた」「議員が身近にいない」「役所との物理的・精神的距離が遠くなった」など，合併して不便が生じるのは総じて周辺部であることから合理的に導き出された指摘である。しかしながら，周辺部に位置づけられた旧自治体の住民が「最悪の状態(破綻)の回避」として今回の合併をとらえているのであれば，中心部と周辺部での評価の差はそれほど生じないと予想される。

それでは実際はどうであろうか。4市の住民を中心部（市役所周辺）の住民と周辺部（市境周辺）の住民にわけ，集計してみたところ，両者

図9－2　住民の合併評価

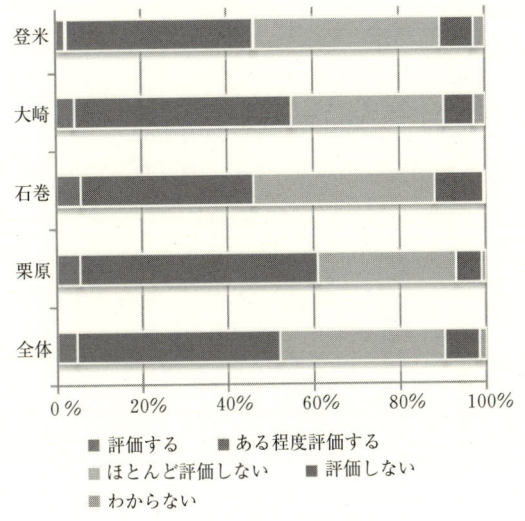

■ 評価する　　■ ある程度評価する
■ ほとんど評価しない　　■ 評価しない
■ わからない

原データより筆者作成

図9－3　中心部と周辺部での合併評価の違い

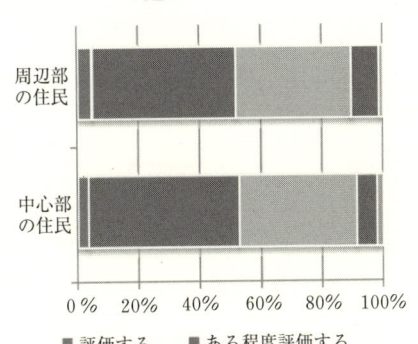

■ 評価する　　■ ある程度評価する
■ ほとんど評価しない　　■ 評価しない
■ わからない

原データより筆者作成

（5）2009年8月17日の宮城県の合併担当職員に対するインタビュー。

の間には明らかな差はない。(図9－3) この4市では,「最悪の状態を回避できた」と合併を消極的ではあるが,肯定的にとらえている者が多いようである[6]。

続いて,合併を評価しない理由についてみることにしたい。合併を評価しない住民にその理由をきいた結果が,表9－1である。合併を評価しない者は,「面積が広すぎる」もしくは「サービスが低下した」のどちらかを評価しない理由にあげる傾向がある。とりわけ,志田郡・玉造郡・遠田郡の3郡にまたがる合併をした大崎市では,合併を評価しない理由に「面積が広すぎる」ことをあげる住民が多く,一方,地域医療体制の再編を抱える登米市や震災復興を抱える栗原市では,その影響からか「サービス低下」をあげる者が多くなっている。合併に対する否定的な評価は,行政サービスの低下という具体的な痛みだけで形成されるのではなく,自分の生活圏よりも自治体面積が大きくなったことによる不安からも,合併への不満は形成されることを,この結果は示唆している。また,物理的な距離だけではなく,役所との距離が精神的にも遠くなったことや,合併することで決済に時間がかかるようになっている[7]ことも,不満を形成する要素となっていると思われる。全国の合

表9－1　合併を評価しない理由　　　　　　　　　　　　　　　　　(%)

	首長・議員が身近にいない	知らない職員ばかり	公共施設に不満	特色が失われた	面積が広すぎる	周辺のサービス低下	その他・DK・NA	合計
全体	2.0	8.0	9.1	12.6	26.9	37.4	4.0	100.0
栗原	0.0	14.1	5.6	11.3	18.3	45.1	5.6	100.0
石巻	2.8	8.4	11.2	19.6	27.1	27.1	3.7	100.0
大崎	1.3	1.3	13.9	13.9	41.8	25.3	2.5	100.0
登米	3.2	8.6	5.4	4.3	20.4	53.8	4.3	100.0

原データより筆者作成

---

(6)　合併を肯定的に評価している者に「合併後よくなった点があるか」と質問したところ,「合併後によくなったところはない」という回答が63.8%もあった。この回答も,「合併は最悪の状況を回避するために行った」という意識があったことを示唆している。また,市郡制時代に既に中心部と周辺部の位置づけがあったことも,周辺部の評価に影響を与えたと思われる。
(7)　雪国の住民は,冬場に降雪がない地域の住民と比べ,合併のマイナス面に気づきやすい。それは,雪国では除雪という特有の事情があるからである

併自治体の中には，中心市街地活性化に過度に偏った施策を展開したり，効率よいコンパクト・シティを志向したりしている自治体があり，そうした先行事例が不安を掻き立てているのかもしれない。合併の効果を生み出す1つの試みとしてコンパクト・シティ化の考え方は評価できるが，効率性の追求によって切り捨てられるかもしれない周辺住民の不安は「合併しなければよかった」という不満に結びつくようである[8]。合併の評価にあたって，「行政の効率」と「住民の満足」が二律背反になる可能性があることを，この結果は示している。

2 地方議員の評価

続いて地方議員の評価についてみていくことにしよう。

「昭和の大合併」では，地域の役職についた経験がある住民は，一般の住民よりも合併を評価する傾向にあった（河村，2000）。その背景には，合併の意義の理解の違いにあったと思われる。敗戦直後の「昭和の大合併」の頃は，産業別にみれば第1次産業従事者が多く，市町村の域を越えて活動する者は多くはなかった。役職経験者は広域行政の観点を持つ数少ない存在であり，その違いが合併の評価につながった。しかし，現在はモータリゼーション社会であり，日常的に多くの者が市町村の境界を越えて生活をしている。また高学歴化が進んだこともあり，多くの住民の政治的知識は向上しており，合併の意義を理解していると考えられる。そうすると，「平成の大合併」におけ

(河村，2009)。とくに中山間の豪雪地帯では，合併によって除雪による迅速な対応ができなくなり，除雪のコストが合併前よりもかかるようになったところもある。除雪を通じて合併の実害を感じている分，雪国の住民の方が合併に対する評価は辛いと考えられる。

(8) 実際に，2009年4月の青森市長選挙ではコンパクト・シティを掲げた現職が落選しており，合併自治体におけるコンパクト・シティづくりの難しさが理解できる。多選批判や，新幹線新駅周辺を重視したことも，現職落選の要因となっており，同じくコンパクト・シティを掲げ新幹線新駅の問題を抱える富山市では，現職が再選している。富山市は青森市と比べ中心部（旧富山市部）に人口が集中しており，また新幹線新駅も現在の富山駅に併設することになっているため，コンパクト・シティをめぐる対立が選挙戦では重要な争点にならなかった。それが，選挙結果の違いとして表れたと考えられる。

図9－4　市議会議員の市町村合併に対する評価

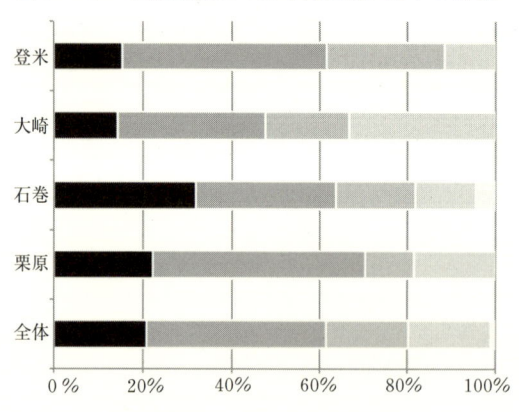

- ■評価する　■ある程度評価する
- ほとんど評価しない　評価しない
- わからない

原データより筆者作成

図9－5　市議会議員の合併評価と住民の合併評価の対比

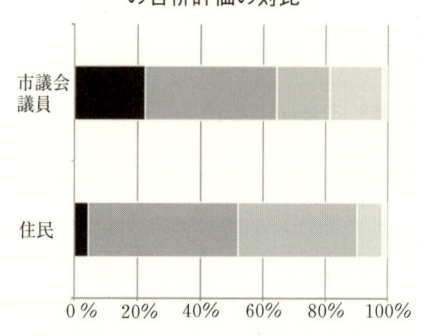

- ■評価する　■ある程度評価する
- ほとんど評価しない　評価しない
- わからない

原データより筆者作成

る合併の評価は，地方議員と住民の間にそれほど差はないと考えるのが合理的である。

「平成の大合併」で合併した4市の議員の評価を示したものが，図9－4である。「評価する」及び「どちらかといえば評価する」をあわせた回答は6割を占め，今回の合併を評価している議員は相対的に多い。

宮城市議意識調査で得られた市議会議員の合併に対する評価と，4市住民意識調査で得られた4市の住民の合併に対する評価を図示したのが，図9－5である。図9－5の帯グラフをみると，議員と住民の双方が合併に対してある程度肯定的な評価を下しているといえるが，議員の方が10ポイントほど評価する者の割合が高いことも指摘できる。また，住民で合併を「積極的」に評価する者は10％にも満たないのに対し，議員で合併を「積極的」に評価する者は20％を越えている。住民は合併を消極的に評価する傾向にある一方，議員の中には合併に積極的な意義を見いだしている者も少なくないのである。

合併を積極的に評価する議員は，自由回答の中で，合併してよかった点と

して「議員を削減できた」「行革が進むきっかけとなった」という点を指摘する。地方議員も一住民とみれば，合併の評価の分布は一般の住民とそれほど変わらないと予想できる。しかし，自治体内の存在である地方議員は，行革など合併の正の効果を感じとることができた。そのため，地方議員の方が一般の住民よりも合併に肯定的，という結果となったと思われる。

ただし，政治家が主観的に感じる有権者の意見分布と，実際の世論調査から得られた有権者の意見分布は食い違う可能性があることに，留意する必要がある。たとえば，世論調査では有権者の多くが公共事業の削減を望んでいると答えていても，有権者は公共事業の増額を望んでいると政治家が思いこむ場合は，しばしば起こる。合併の評価でも，議員が感じる住民の評価と，サーヴェイで得られた住民の評価の間にズレが生じる可能性は否定できない。多くの住民が合併に肯定的に評価していることが4市住民意識調査ではデータで明らかになっているが，地方議員の中には「多くの住民は合併に否定的である」と誤った認識を持っている者もいるかもしれない。

そこで，「地方議員からみて住民は合併をどう評価していると思うのか」という質問を議員に対して行っているので，その問いに対する回答結果をみていこう9。図9-6の結果をみると，自らは合併を評価する一方，「住民は合併を評価してはいない」と感じている者が少なからずいることがわかる。とくに，サービスが低下したことに不満を持つ住民が多い，登米市と栗原市の議員にそうした傾向がみられる。なぜ，こうした結果となったのであろう。

1つのヒントとなるのは，前章の議論である。地方議員が，旧市町村ごと

（9）　図示に先立ち，市議会議員個人の合併評価と，議員が感じる住民の評価の回答の関連性をみるため，議員が感じる住民の評価を従属変数とするSomers' D 係数を算出した。計算の結果，D 係数の値は0.47（0.5％水準で有意）という結果が得られた。このことは，合併を評価している議員ほど，住民は評価していると回答する傾向にあり，合併を評価していない議員ほど，住民は評価していないと回答する傾向にあることを示している。なお，市議会議員の合併評価については，「評価する」を1，「ある程度評価する」を2，「ほとんど評価しない」を3，「評価しない」を4に割り振り，「わからない」は欠損値とした。議員が感じる住民の評価の値は，「大多数が評価している」を1，「なんともいえない」を2，「大多数が評価していない」を3として割り振った。

図9-6　市議会議員が感じる住民の合併評価

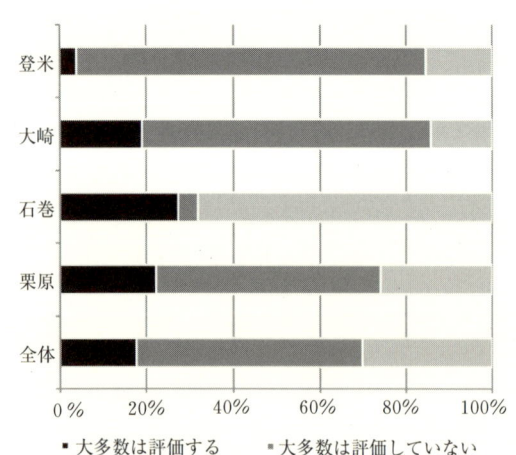

の要望の窓口とみなされていることが影響しているのではないだろうか。ここで重要なのは、政治的に不満がある者は政治家に訴えかけることでそれを解消しようとするが、満足している者は満足している旨を政治家に伝えようとはしない点である。すなわち、地域の不満の受付窓口である地方議員のところには構造的に、合併に満足している住民の情報は集まりにくく、合併に不満を持つ住民の情報がより多く集まることになる。

もちろん、議員が、自らと住民とで合併評価の基準が違うと認識しており、「自らは合併を評価しても住民は評価していないだろう」と判断している可能性もある。

Ⅳ　まとめ

本章の探索的な分析からわかったことは、次の通りである。

「平成の大合併」で誕生した宮城県北部の4市では、住民も議員も肯定的な評価が相対的に多数であった。ただし、住民は合併を「最悪の事態の回避」ととらえている傾向があり、積極的に肯定する者は少数であった。また住民の中で合併を評価しない者があげる理由として多かったのは、面積が広くなったことに伴う不安と行政サービスの低下であった。広域化に伴う不安が多いのは越郡合併した大崎市で顕著であり、病院再編を進める登米市では行政サービスの低下が懸念されている。また合併に対する議員の評価は、住民のそれよりも相対的に高くなる傾向にある。2つのデータは地方議員も住民も合併を肯定的に評価しているということを示しているが、議員の中には「多

くの住民は合併を評価していない」と認識している議員もいる。

　こうした結果から，どのような含意を更に導き出せるのであろうか。まずあげられるのが，「今回の合併を最悪の状況の回避ととらえているか否かで，議員や住民の合併の総合評価は変わりうる」という点である。合併してサービスが低下したと個々に不満を漏らす住民がいたとしても，総合的に評価したら「合併して，まあよかった」と評価する可能性もありうる。そうすると，合併評価の調査を行うにあたっては，総合的な評価と個別面での評価の双方を検討すべきである。

　面積が拡大することに伴う不安が合併を評価しない理由にあげられた点にも，注目する必要がある。これは，広域化に対する不安を解消すれば合併に対する否定的な評価は減少することも，意味しているからである。広域化に対する不安解消は，広域合併をした自治体が必ず越えなければならない壁である。周辺部に位置づけられることになった住民は，通勤・通学や買い物で中心部との行き来がある。しかし，中心部に居住している住民は，なかなか周辺部に足を運ぶ機会がない。こうした非対称性は，合併に対する評価の歪みになって現れる可能性がある。そのため，中心部と周辺部の融和を考える際，中心部の住民に周辺部の魅力をどうやって理解させるかが大事となる。とくに，合併自治体が「ふるさと」となる子どもたちの心に，一体性をどのように刻むかが重要となろう。いくつかの自治体では，中心部と周辺部の児童を交流させたりすることで，相互理解を進めようと試みている。人の心に働きかけるこうした試みは，すぐには成果が出ると思われないが，合併の肯定的評価を形成していくという点で重要な試みとなろう。また，国の各種地域活性化補助金の申請にあたって，周辺部の地域資源で申請するといった方策も，周辺部の住民の合併に対する評価を肯定的なものにする1つの手段となりうる（河村，2009）。

　本章の結果は，客観的な調査に基づく住民の合併評価と，議員の主観に基づく住民の合併評価にはギャップがあることも明らかにしている。これは，議員が誤った認識のまま，「議員の大多数は合併を評価していない」と議会で発言する可能性があることを示している。とりわけ「地区割り」化された地方議員の下には合併に対する不満の声が集まりやすい。地域審議会が十分機能していない現状もあわせて考えると，市町村の執行部は，地方議会での議

論が水掛け論にならないよう，合併評価に関するが客観的なデータ集めをしておく必要があると思われる。

おわりに

　2010年3月末をもって「平成の大合併」は終決した[1]。合併政策が一段落したということもあり，近年，市町村合併をテーマとする研究は下火になりつつある。しかし，合併政策が一区切り着いたからといって，住民の政治意識から合併はすぐに消え去るものではない。むしろ，合併の記憶を前提とした政治行動は，今後徐々に表面化するだろう。合併の記憶が，合併後の選挙における投票行動に影響を与え，それが地方政治家たちの行動様式を縛っていくのである。その結果，合併を契機に新しい政治環境が生まれてくることになる。こうして考えると，「平成の大合併」という大規模な政治実験の影響について，今後も追跡して分析を続けていく必要がある。とりわけ，住民の意識の変化には，注目すべきと考える。

　本書のまとめとして，今後の研究課題と，ポスト「平成の大合併」における地方自治体の課題について指摘し，筆を擱くことにしたい。

今後の研究課題

　まず，研究課題についてである。

　合併の影響はさまざまなところに表れてくると考えられるが，まず重要と思われるのは投票参加への影響である。既に述べたように，「平成の大合併」は大きな政治的実験の場であった。とりわけ，政府規模が変化することを観察できるという意味で，研究上，貴重な機会であった（名取，2009）。政府規模の拡大は，一般的に，合併によって人口が増えた結果，有権者の「一票の有効性感覚」を低下させ，投票率の低下に結びつくと考えられる。加えて，「合併によって多くの町村議員がいなくなり，動員がかけづらくなった[2]」と

（1）　http://www.47news.jp/CN/200906/CN2009061601000025.html（2009年9月11日訪問）

いう指摘があるように，選挙動員が低調になることに伴う投票率の低下の可能性もある。これは，地方選挙のみならず国政選挙にも影響が出てくると思われる。

実際，第3章で分析を行った白山市で，その傾向の存在は確認されている。2007年参議院選挙時，中心（旧松任市部）の投票率は前回参議院選挙よりも向上しているのにも拘わらず，中山間地（旧白山麓5村部）の投票率は低下している（図1）。こうした事実は，合併によって政治意識・政治参加に変化があったことをうかがわせる。投票参加に対する意識変化は，重要な研究テーマである。

市町村合併に伴い，地方政治の影響力構造が再編された可能性があり，今後の研究の対象としてこうした変化にも着目すべきだろう。合併によって町村が激減し市が増加したことで市長職に対する魅力は増加した。一方，都道府県議会議員選挙の区割りの見直しが行われ，それを契機に議員定数の削減が行われている。こうした変化は，都道府県議から市長への鞍替えに結びついており，こうした傾向が今後も続くのか分析をしていく必要がある。また，都道府県議の市長への鞍替えは，地域権力構造の再編につながると考えられるし，都道府県内の地方政界の再編は，国政レベルでの政党間競争の構図にも影響を与える可能性もある（Weiner, 2008）。市町村合併の分析は，国政の分析にもリンクしてくる可能性があるのである。

統一地方選挙のあり方も，今後，研究の俎上にのぼるだろう。選挙を統一して実施することは，国民

図1　白山市における参議院選挙の投票率の変化

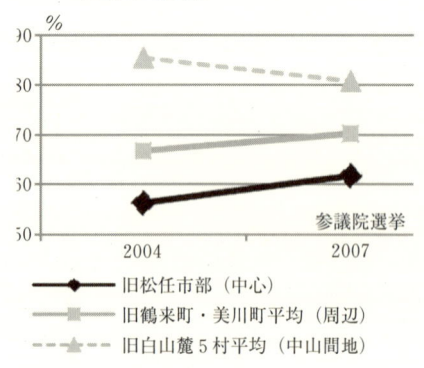

出所：白山市選挙管理委員会資料

――――――――――

（2）　合併で引退した町村議員に対して筆者が行ったインタビューでは，「動員の責任から解放されてよかった」と回答した者の比率は非常に高い。町村議員にとって，国政選挙での動員が負担であったことがうかがえる。

の地方選挙に対する関心を高めることにつながり,選挙事務の面からも効率化が期待できる(河村,2004)。しかし,統一地方選挙の統一率は,回を重ねる毎に落ち込んでおり,とりわけ合併を契機に大幅に低下している(図2)。「昭和の大合併」「平成の大合併」は,中央の意向に沿って進められたものといえるが,合併することによって,統

図2　統一地方選挙における統一率の変遷

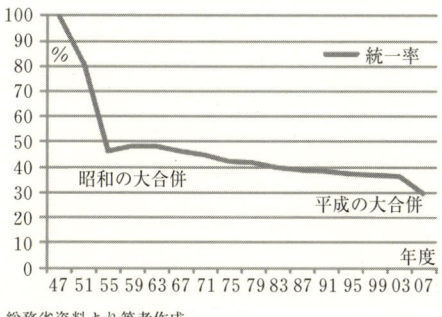

総務省資料より筆者作成

一地方選挙の統一性は失われていく。「政策的な矛盾」を抱えている統一地方選挙を今後どうするのか,真剣に考える時期が来ていると考えられる。

また,「平成の大合併」によって,人口規模や財政状況が同じであっても,合併の過程が大きく異なる自治体が存在するようになったことは,政策波及過程の実証分析をより深化させると思われる。地方自治体は,かつてのように人口規模と財政状況を勘案して「横並び」で政策を考えることが難しくなったからである。自らの自治体の政治環境(合併の過程と住民の記憶)に応じた施策を,自ら考えなければならない時代に変わったことは,地方自治体の政策出力にバリエーションが出てくる可能性を高めると思われる。

「平成の大合併」のアウトカムは,地方政治の各方面に表れつつある。地方政治における様々な現象を合併のアウトカムとみることで地方政治研究はより進むことになろう。「平成の大合併」が政策的に終了したとしても,その影響について,今後も分析し続けなければならないのである。

地方自治体が抱える課題

続いて,合併自治体と非合併自治体が抱える課題を指摘しておこう。

まず合併自治体の課題である。小泉内閣で進められた「三位一体の改革」によって,多くの自治体の財政運営は急激に厳しさを増すことになった。地方交付税の合併算定替を受けた合併自治体であっても,基本となる制度が変更されてしまった以上,合併交渉時の目論見は大きく狂ったといわざるをえ

ない。合併前に描いていたまちづくりは，まさに画餅になりつつあり，まちづくり計画は大幅な見直しを余儀なくされている。「平成の大合併」の走りとしてもてはやされた篠山市を分析した長峯・田中（2006）は，篠山市の教訓から，合併自治体は長期財政計画を策定すべきであると主張する。石上（2006）も，合併交渉時の取り決めを一から見直すべきという。

　しかしながら，「合併後に見直せ」といっても，一度決まったものを見直すことは容易ではない。合併の計画を見直すためには，多くのコストがかかる。法定協議会の多くでは，できる限り時間をかけずに合併交渉をまとめようとしたため，住民が発言する間もないまま合併後の計画が作成された。そうした経緯を考えると，合併後に計画を見直すにあたって求められるのは，情報開示の方法と住民との協働を可能とする意思決定の仕組みづくりとなろう。

　佐々木（2008）は，合併自治体の意思決定の仕組みづくりとして重要になるのは，「自治基本条例」であるという。自治基本条例は，まちづくりに対する役割分担や方法のあり方等を文章化したものであり，自治体の仕組みの基本部分を定めた条例である。自治基本条例を「自治体の憲法」と呼ぶ者もいるが，そこまで大仰に考えずとも，合併自治体での意思決定のルールを示したものといえるだろう。合併する以前は，それぞれの自治体が，それぞれのルールで意思決定を行ってきた。小さな町村になれば「阿吽の呼吸」で意思決定がなされてしまう場合もあった。しかし合併した後は，統一した然るべきルールで意思決定を行う必要がある。自治基本条例に，住民に対する情報の提供や住民参画の仕組みを盛り込むことができれば，計画の見直しをはじめ，合併自治体の意思決定の公正さがより保たれることになるというのである。

　ただし，こうしたルールを制定するだけでは，住民の「まち」に対する関心と理解は進まない。短期的な方策としては，住民の要望を新しい行政に反映させる仕組みの検討や，現在の自治体の財政がどのような状況にあるか住民に理解させる努力が必要となる。松阪市は，財政の状況を示す「借金時計[3]」をWEB上で公開したが，こうした工夫を試みることで「自治体が置かれている財政の厳しさ」と「合併計画通りにまちづくりを進めることが困難で

（3）　http://www.city.matsusaka.mie.jp/zaisei/zaisei.htm （2009年9月11日訪問）

あること」を訴えていかなければならない。

　広域で合併した自治体には，更なる課題が待っている。行政の効率化を進めれば進めるほど，周辺部の住民の行政に対する不満が膨らんでいくからである。合併後の市長選挙で多くの現職候補が落選したが，合併効率を優先した結果，周辺部の住民の反発を受けて落選した者が少なくなかった。ただし，選挙に勝つために周辺部の不満をいちいち聞いているようであれば，規模拡大に伴う経済効果を得ることはできない。「周辺部の住民の不満を和らげ，かつ行政効率を高める」という二兎を追うための新しいチャレンジが，広域で合併した自治体には求められることになる。周辺部が有している地域的資源をどう活用するかといった発想の転換も求められよう[4]。合併をしたから守りに入るのではなく，「合併したからこそチャレンジができる」という考えを共有することも，また合併後の自治体の課題となる。

　続いて，非合併自治体の課題を指摘したい。「今回の『平成の大合併』で合併を選択しなかったことが本当によかったのか」，これは筆者が評価するのではなく，住民が評価するものである。ただ，非合併自治体の住民，とりわけ地方交付税に大きく依存する零細自治体の住民が，自らの自治体の財源は自らで何とかするという覚悟のもとで「合併しない」を選択したのか，甚だ疑問である。お金がなくとも自力で何とかするという覚悟が住民にあるのであれば，それは地方自治の原則に照らし合わせても素晴らしいことである。しかし，合併を選択しなかった自治体全てが，そこまでの覚悟をもって「合併しない」という選択をしたわけではないだろう。過去の歴史に囚われて合併を選択できなかったところもあろう。

　「自主的合併」には限界があるのは，本書の分析から明らかである。第1章で指摘したように，長期的な枠組みを構築していなければ自主的な合併は容易には進まないだろうし，いざ合併したいと思っても，周辺自治体が合併してくれないという状況に陥る可能性がある。そのように考えると，非合併自治体は，定住自立圏構想など合併に代わる次善の策としての「広域行政（政

（4）　1つの策として考えられるのが，コミュニティ・レベルのまちづくりは住民自身の原資で行うことにし，行政に頼らないまちづくりを行わせる手法である。また，かつての「結」や「講」などを想起させ，民間による「新しい公共」を促すという方策も考えられる。

策合併)」を将来の保険として行っておく必要があるのではないか。とりわけ、地方交付税に依存している自治体では、地方交付税の削減傾向に歯止めがかからなければ、結局、合併を選択せざるをえなくなる。「平成の大合併」で合併を選択しなかったから「もう合併しない」と思うのではなく、長期的な視野で常に合併を意識することは必要なのではないだろうか[5]。

＊　＊　＊

　合併を選択しなかった山村の中には、「この山中では救急車は到底間に合わない、それでもここに住み続けたいし、合併もしたくはない」という気概を持った住民が多数いるところもある。

　ただ、地方政府という観点で地方自治体をとらえれば、自らの行政需要を自らの財源で賄うことができない村を基礎的自治体とすることは甚だ疑問である。「明治」「昭和」「平成」と大合併が繰り返されることによって、コミュニティとしての自治体（自治組織）と、行政サービスの提供組織としての基礎的自治体（政府）は乖離してきた[6]。ポスト「平成の大合併」では、両者についてもう一度整理し直す必要があろう。先ほど指摘したように広域行政を活用した「政策レベルの合併」も検討すべきである。合併政策の手詰まり感は、地方自治体のあるべき姿が不透明な中で自主的合併を進めてきた結果と筆者は考えるが、どうであろうか。

（5）　実際、「昭和の大合併」で合併を拒否した自治体が「平成の大合併」で合併したという事例は、非常に多い。
（6）　羽貝・新潟県自治研究センター（2007）をみると、町村長のなかに「コミュニティ」と「地方自治体」をほぼ同義にとらえている者が少なからずいることがわかる。

引用・参考文献

邦文文献（アルファベット順）

地方自治百年史編集委員会．1992．『地方自治百年史　第一巻』地方自治法施行四十周年・自治制公布百年記念会．

藤井満．2006．『消える村　生き残るムラ：市町村合併にゆれる山村』アットワークス．

藤原静雄．1998．「住民投票の制度設計」『都市問題』第88巻第2号，79-90頁．

現代地方行財政研究会．1998a．「事業別自治体財政需要　テーマ30　ふるさと市町村圏」『地方財務』1998年7月号，179-189頁．

現代地方行財政研究会．1998b．「事業別自治体財政需要　テーマ31　住民投票にかかるコスト」『地方財務』1998年9月号，161-171頁．

羽貝正美（監修）・新潟県自治研究センター．2007．『平成大合併　新潟県の軌跡』新潟日報事業社．

原田博夫・川崎一泰．2000．「地方自治体の歳出構造分析」『日本経済政策学会年報』48号，191-199頁．

平野淳一．2008．「『平成の大合併』と市長選挙」『選挙研究』第24巻1号，32-39頁．

広田啓朗．2006．「市町村合併における協議会設置の効果と政策評価」公共選択学会第10回全国大会報告論文．

広田啓朗．2007．「市町村の選択行動と合併要因の検証：平成の大合併を事例として」『計画行政』第30巻4号，75-81頁．

今井照．2003．「自治体の「最適規模」論について：福島市を事例として」『地域開発』466号，11-16頁．

今井照．2005．「市町村合併に伴う自治体政治動向について：首長選挙と議会議員選挙の分析」『自治総研』第31巻第3号，19-36頁．

今井照．2007．「『平成の大合併』と自治体選挙：選挙，解職請求・不信任・解散等の動向」辻山幸宣・今井照・牛山久仁彦（編）『自治体選挙の30年：『全国首長名簿』のデータを読む』公人社，125-160頁．

今井照．2008．『「平成大合併」の政治学』公人社．

今井一．2000．『住民投票：観客民主主義を超えて』岩波新書．

石原信雄．2002．「講演　さいたま市の合併を通して」『住民行政の窓』242号，15-23頁．

伊藤光利．1993．「地方議会議員像」西尾勝・岩崎忠夫（編集）『地方政治と議会』ぎょうせい，3-22頁．

石上泰州．2006．「平成大合併後の地方政治の課題：実りある地方分権を実現するには」『改革者』2006年6月号，16-19頁．

石上泰州・河村和徳．1999．「80年代以降における市長の経歴と党派性」『北陸法学』第7巻3号，33-55頁．

春日雅司．1996．『地方社会と地方政治の社会学』晃洋書房．
片山善博．2007．『市民社会と地方自治』慶應義塾大学出版会．
片柳勉．2002．『市町村合併と都市構造』古今書院．
河村和徳．2000．「自治体合併と有権者の意識：『昭和の大合併』時のサーベイ・データから読みとれるもの」『金沢法学』第43巻2号，263-278頁．
河村和徳．2004．「統一地方選挙の意義と課題」『選挙学会紀要』第2号，39-50頁．
河村和徳．2008a．『現代日本の地方選挙と住民意識』慶應義塾大学出版会．
河村和徳．2008b．「2007年統一地方選挙から参議院選挙にかけてみられる連続性と非連続性」2008年日本選挙学会報告論文．
河村和徳．2009．「互助による地域活性システムを考える：曲がり角にある公営スキー場と利雪・親雪による『新たな公』」『まちづくり叢書3　「新たな公」による北陸の地域づくり』第2章1-19頁．
河村和徳・青木一益．2004a．「環境政策に対する地方議員の意識：北陸三県市議会議員調査の結果から（一）」『金沢法学』第46巻2号，123-155頁．
河村和徳・青木一益．2004b．「環境政策に対する地方議員の意識：北陸三県市議会議員調査の結果から（二・完）」『金沢法学』第47巻1号，1-54頁．
城戸英樹・中村悦大．2008．「市町村合併の環境的要因と戦略的要因」『年報行政研究43　分権改革の新展開』ぎょうせい，112-130頁．
北村亘．2002．「地方税導入の政治過程」『甲南法学』第42巻3・4号，335-388頁．
小林慶太郎．2005．「市町村合併に係る住民投票をめぐる政治学的考察」『四日市大学総合政策学部論集』第4巻第1・2合併号，13-24頁．
小林良彰．1997．『現代日本の政治過程：日本型民主主義の計量分析』東京大学出版会．
小林良彰・中谷美穂・金宗郁．2008．『地方分権時代の市民社会』慶應義塾大学出版会．
小西砂千夫．2000．『市町村合併ノススメ』ぎょうせい．
今野雄三．2001．「さいたま市誕生の光と影：合併は官主導か民主導か」『地方自治職員研修』第34巻8号，36-38頁．
久保田治郎．2003．「住民投票制度」古川俊一編著『住民参政制度』ぎょうせい，81-142頁．
町田俊彦．2006．「地方交付税削減下の『平成大合併』」町田俊彦（編著）『「平成大合併」の財政学』公人社，23-55頁．
源川真希．2001．『近現代日本の地域政治構造：大正デモクラシーの崩壊と普選体制の確立』日本経済評論社．
宮下量久．2009．「なぜ合併の合意形成は行われなかったか：合併不成立地域における協議過程の検証」公共選択学会第13回全国大会報告論文．
宮崎毅．2006．「効率的自治体による法定協議会の設置：1999年合併特例法と関連して」『日本経済研究』54号，20-38頁．
村田聡．2006．「住民投票の計量分析：市町村合併をめぐる有権者の投票行動」平

成18年度東京大学大学院公共政策学教育部リサーチペーパー.
長峯純一・田中悦造. 2006.「市町村合併による財政への効果:篠山市合併後5年間の検証」『総合政策研究』第22号, 93-113頁.
中條美和. 2005.「合併市町村における首長選挙の動向と考察:熊本県山鹿市を例として」『都市問題』第96巻第4号, 21-31号.
中村悦大・城戸英樹. 2009.「市町村合併の研究:合併協議会の成否は何によって決まるのか」2009年日本選挙学会報告論文.
中澤秀雄. 2005.『住民投票運動とローカルレジーム:新潟県巻町と根源的民主主義の細道,1994-2004』ハーベスト社.
名取良太. 2009.「政治参加に対する政府規模の効果:市町村合併は投票率を低下させたのか?」2009年度日本選挙学会報告論文.
根本良一・石井一男(編著). 2002.『合併しない宣言の町・矢祭』自治体研究社.
根本正一. 2002.「シリーズ最前線 平成の大合併(5) 山口県徳山市・新南陽市・熊毛町・鹿野町(周南市):『中核都市』形成へ産みの苦しみ」『日経地域情報』401号, 32-35頁.
新川達郎. 1994.「地方議会の立案機能:地方分権に対応した地方議会の再構築をめぐって」『地方財務』1994年10月号, ぎょうせい, 10-16頁.
西川雅史. 2002.「市町村合併の政策評価:最適都市規模・合併協議会の設置確率」『日本経済研究』46号, 61-79頁.
野口悠紀雄. 1995.『1940年体制:さらば「戦時経済」』東洋経済新報社.
大出峻郎. 1977.『現代地方自治全集 地方議会』ぎょうせい.
大石眞・佐々木毅・久保文明・山口二郎(編著) 2002.『首相公選を考える:その可能性と問題点』中公新書.
大滝精一(監修)・熊坂伸子・本吉達也・熊坂義裕. 2003.『自治体経営革命:地方から考える市民の責任・首長の使命』メタモル出版.
大山耕輔. 1998.「NIMBYシンドロームと民主主義:原発立地プロセスにおける住民投票の意義を中心に」田中宏・大石裕共編著『政治・社会理論のフロンティア』慶應義塾大学出版会, 113-140頁.
佐々木公明. 2001.「自治体の最適規模と市町村合併」『経済セミナー』562号, 20-24頁.
佐々木信夫. 2002.『市町村合併』ちくま新書.
佐々木信夫. 2008.「構想『自治行政学』(45) 自治基本条例をめぐる論点(その1)」『地方財務』2008年6月号, 180-189頁.
佐藤俊一. 2006.『日本広域行政の研究:理論・歴史・実態』成文堂.
島袋純. 1997.「沖縄県民投票における政治過程」『都市問題』第87巻2月号, 23-34頁.
清水剛. 2001.『合併行動と企業の寿命』有斐閣.
塩沢健一. 2004.「住民投票と首長選挙:両者の投票結果に見られる『民意のねじれ』とは」『選挙研究』第19号, 125-137頁.

白鳥浩．2004．『都市対地方の政治学：日本政治の構造変動』芦書房．
曽我謙悟・待鳥聡史．2007．『日本の地方政治：二元代表制政府の政策選択』名古屋大学出版会．
菅沼栄一郎．2005．『村が消えた：平成大合併とは何だったのか』祥伝社新書．
鈴木眞志．2005．「市町村合併の投票ゲーム分析：提携形成条件を考慮したシャープレイ・シュービック指数およびバンザフ指数に関する一考察」『理論と方法』第20巻第2号，197-210頁．
高柳俊哉．2003．「合併を決めたのは誰か」辻山幸宣（監修）・埼玉県地方自治研究センター（編）『誰が合併を決めたのか：さいたま市合併報告書』公人社，35-100頁．
田村秀．2005．「合併市町村にみる首長および新体制の特徴」『都市問題』第96巻第4号，4-8頁．
谷口将紀．2004．『現代日本の選挙政治：選挙制度改革を検証する』東京大学出版会．
辻山幸宣．2007．「市町村の合併と都道府県の役割」小原隆治・長野県地方自治研究センター（編）『平成大合併と広域連合：長野県広域行政の実証研究』公人社，221-254頁．
脇坂徹．2010．「住民投票の実施目的と投票結果の傾向：市町村合併に関する事例を対象として」『公共政策研究』第9号，81-92頁．
渡辺隆喜．2001．『明治国家形成と地方自治』吉川弘文館．
焼津市（編）．2009．『焼津市・大井川町合併の記録』焼津市．
矢野順子・松林哲也・西澤由隆．2005．「自治体規模と住民の政治参加」『選挙学会紀要』第4号，63-78頁．
横田清（編）．1997．『住民投票Ⅰ：なぜ，それが必要なのか』公人社．
吉村弘．1999．『最適都市規模と市町村合併』東洋経済新報社．

外国語文献

Bernhardt, M. Daniel, and Daniel E. Ingbernman. 1985. "Candidate Reputations and the Incumbency Effect," *Journal of Public Economics*, 27: 47-67.
Cox, Gary W., and Samuel Kernell (eds.). 1991. *The Politics of Divided Government*. Boulder: Westview Press.
Dahl, Robert A., and Edward R. Tufte. 1973. *Size and Democracy*. Stanford: Stanford University Press.（内山秀夫［訳］．1979『規模とデモクラシー』慶應通信）
Fiorina, Morris P. 1992. *Divided Government*. New York: Macmillan.
Jacobson, Gary C. 1990. *The Electoral Origins of Divided Government: Competition in U.S. House Elections, 1946-1988*. Boulder: Westview Press.
Kawamura, Kazunori. 2010. "Administrative Reform in Japanese Civil Society." In *Bureaucracy and Bureaucrats in Japanese and Korean Civil Society*. Yoshiaki Kobayashi and Tobin Im (eds.) Tokyo: Bokutakusha, pp.41-55.
Ken'ichi, Ikeda, and Sean E. Richey. 2005. "Japanese Network Capital: The Impact of So-

cial Networks on Japanese Political Participation," *Political Behavior*, 27: 239-260.
Leiserson, Michael. 1966. "Coalitions in Politics: A Theoretical and Empirical Study." Ph.D thesis, Yale University.
Mayhew, David R. 1991. *Divided We Govern: Party Control, Lawmaking, and Investigations, 1946-1990*. New Haven: Yale University Press.
Taagepera, Rein, and Matthew Soberg Shugart. 1989. *Seats and Votes: The Effects and Determinants of Electoral Systems*. New Haven: Yale University Press.
Weiner, Robert J. 2008. "Prefectural Politics: Party and Electoral Stagnation." In *Democratic Reform in Japan: Assessing the Impact*, Sherry L. Martin and Gil Steel. (eds.) Boulder: Lynne Rienner Publishers, pp.151-173.

あとがき

　ここ数日，宮城県受託研究「市町村の広域行政に係る調査研究（研究代表者：河村和徳・東北大学准教授）」における市町長・職員ヒアリングで宮城県下の9市町をまわっている。最適人口規模の異なる中，広域行政などを如何に活用してポスト合併時代の政策を進めていくか，検討する素材を集めることが目的である。1週間のうち半分がヒアリング，という日程がお盆前まで続いている。空調がきいた大学に籠もりきりよりも，調査という形で出歩いている方が性に合っていると思いつつも，市町長へのヒアリングはやはり緊張する。こうしたヒアリングを通じて，とりわけ合併市町長と話をすればするほど，さまざまな合併事例があり，「合併自治体の政策出力は合併の影響を強く受けているのだ」と痛感する。そして，合併自治体の政策という「平成の大合併」のアウトプットと，合併後の首長選挙の結果などといった「平成の大合併」のアウトカムを理解するには，やはり合併の経緯を一通りは理解しておく必要があるのだと思う。

　筆者は，旧市町村に後戻りできない合併を，地域活性化の1つのチャンスとして前向きにとらえるべきではないかと思っている。全国の合併自治体をみても，長岡市山古志地区（旧山古志村）や，本書で登場する白山市白峰地区（旧白峰村），大崎市鳴子温泉地区（鳴子町）などでは，合併後のまちづくりに一定の成果をあげている。町村単位ではなかなかできなかった公共投資が市と合併したことによってできるようになったことや，市と合併し職員が専門化できた結果が，こうした成果につながっているのであろう。ただし，合併を前向きにとらえるだけではなく，多くの住民が前向きになる姿勢をつくる仕掛けづくりと，特定の地域資源への投資が全住民にとって有益であるという情報を提供することも合併自治体には求められよう。

　また，合併自治体は，「合併の効率化」と「住民の融和」というやや矛盾する「二兎を追う」ことが求められ，それに苦慮している実態が，ヒアリング

を通じて強く感じられる。合併は「究極の行政効率化策」と言われるが，合併後の施策を担うリーダーは「選挙」で選ばれる。思い切った策をとれば選挙で落選するリスクは高まるので，再選されたい地方政治家にとっては穏便に済ませたいと思っている者も少なくないだろう。しかし，彼らが消極的な行動に終始すれば合併の成果は得られない。また，合併の経緯に配慮しすぎると，いつまでも効率化の恩恵には預かれない。ここの落としどころが明確ではないため，合併リーダーである市町長たちは試行錯誤を重ね，悩んでいるのである。

宮城県の受託研究は今年度中に報告書を提出しなければならないので，かなりの作業量ではあるが，ヒアリングのたびに自治体ごとの違いを感じることができ，新たな研究課題を発見する貴重な機会を得たと感じている。

そもそも，筆者が市町村合併と住民の政治意識や地方選挙との関連性について研究を始めるきっかけとなったのは，第3章の共著者であり，松任市市議であった福田裕氏が「市町村合併」を修士論文執筆テーマに選んだからである。正直なところ，第3章の白山市の事例研究は，修士論文の指導が発端である。しかし，福田氏とともにヒアリングを進めるにつれて，合併過程における住民意識の把握の難しさや，そこで繰り広げられた駆け引きなどを理解していくうちに，様々な観点がみえてきた。たとえば，本書で登場する，市町村合併を「足し算型合併」と「引き算型合併」に分けて考えるという視点は，松任市が広域行政の維持と金沢市に編入合併する環境をつくらせなかった，という部分にヒントを得ている。また，初代市長選挙の構図やマンモス議会の意図的な回避も，福田氏とともに行ったヒアリングから気づかされたものである。ちょうど，金沢市をめぐる合併過程を描いた北陸朝日放送作成のドキュメンタリー「都市とまち－加賀百万石合併騒動記」でコメントをもとめられたことも，合併の視点を整理する上で役立った。ドキュメンタリー番組は，複雑な合併論議をわかりやすくまとめる必要性がある。合併の経緯や成否をわけたポイントなどを端的に説明しなければならないことが，研究につながった。

筆者にとって本書は，ポスト合併時代の地方選挙・地方政治を考える視点を自分なりに定めるための準備作業という位置づけである。本書はゴールで

はなく，むしろスタートである。サッカーで言ったら，ウォーミング・アップが終了し，試合開始前に選手が整列し記念撮影をしているあたりであろうか。前出の宮城県の受託研究の報告書は，本書の延長線上の1つとなるだろう。「合併によって相乗り選挙が少なくなった」「地方議員数が減少し，投票率が低下している」「合併交渉の経緯が，合併に伴う効率化を結果として阻んでいると感じている住民は多い」など，各地で市町村合併の影響は囁かれている。これらの意見は実証的に検討されていない仮説であり，今後は本書の成果を基に，これらをデータによって明らかにしていきたいと思っている。

本書は，本年3月に「平成の大合併」で一区切りがついたことと，宮城県からの受託研究を受けることが決まったこともあり，木鐸社にお願いし，出版に至ったものである。厳しい状況の下，出版を承諾して頂いた木鐸社に感謝申し上げたい。とりわけ，『選挙研究』第24巻の編集委員長からの連続しての無理な依頼を聞き入れ，迅速な編集を進めていただいた木鐸社の坂口節子さんには，感謝してもし尽くせない。指導教授である小林良彰先生の著書『変動する日本人の選挙行動3　日本人の投票行動と政治意識』で第2章と第3章を執筆した大学院生の頃から，いつかは木鐸社から著書を出版したいと思っていたが，10年経ってやっと目標を達成することができた。

本書冒頭でも述べたが，本書は多くの方々の協力があってできたものである。最後に，関係した方々すべてに改めて感謝を申し上げたい。

2010年7月31日
青葉山の研究室にて

河村和徳

Political Attitudes, Local Elections and Municipals Mergers in Japan

Kazunori Kawamura

Abstract

The aim of this book is to explain the merger of the Japanese local government in the last decade. How and why have Japanese municipals chosen to merge? After merging, how has the political environment of each local government changed? This book focuses on one of the main issues in contemporary Japanese local politics.

In recent years, many local governments have fallen into the fiscal crisis in Japan. In FAUI (Fiscal Austerity and Urban Innovation) Project, Yoshiaki Kobayashi and Terry N. Clark pointed out most of Japanese cities have used various strategies for fiscal reform and presented some innovative practices. Marging is a means of administrative reform. Firstly, comprising chapter 1 through 3, we examine the motive for marging. Chapter 1 gives the overview of the factor that the municipal chooses to merge. Chapter 2 begins with the empirical analysis. Here we present that the municipal's fiscal condition is one of the most important keys controlled terms of the merger. Chapter 3 explores the motive that larger cities merge from the viewpoint of administration efficiency.

Secondly, comprising chapter 4 and 5, we observe the relation between the Mayor-Council system and the inhabitants' poll. All Japanese local governments adopt the Mayor-Council system. Under this system, the mayoral election and the local council election are held separately; and both elections may not be held simultaneously in Japan. Chapter 4 shows that the situation of issue-oriented divided local government sometimes occurred, and some of them could not make decisions and fell into gridlock. The inhabitants' poll was prepared for to break such situation. However, its function has been restrictive in the period of Heisei Municipals Mergers because the system design has not been enough to settle the situation. Chapter 5 examines many cases that the merger negotiation failed in and points out the insufficient system design of the inhabitants' poll promoted disorder.

The merger policy is one of the fiscal strategies, and it is important to analyze the evaluation of inhabitants for it. The evaluation of the local politician and habitant for the merger are covered in Part III, which is composed of chapter 6 through 9. Chapter 6 shows that the mayoral election of the merged municipal has the aspect of the evaluation of the merger. Also, the inhabitants' discontent with the merger tends to lead to criticism to the incumbent mayor. Chapter 7 examines that the local councilor comes to stand for district representative after the merger. Such a situation has a bad influence on improvement of the administrative efficiency. In addition, we reconsider the role of the local councilor in chapter 8. Chapter 9 examines the differences of the evaluation for the local government merger between local councilors and inhabitants by surveys. We find that local councilors have wrong recognition about residents' evaluation here.

In this book's conclusion, we ponder what the findings of this book mean for future studies.

索引

ア行

ICT（Information Communication Technology）　144, 148-149
相乗り選挙　114
アジェンダ・セッティング　106
新しい公共　167
当て職　125
一部事務処理組合　28, 52
一票の有効性感覚　109, 163
イニシアティヴ　101-102
オピニオン・リーダー　106

カ行

合併新法　113, 141
合併特例　132, 135
　——交付金　69
　——債　25
　——法　3, 25, 39, 90, 102-103, 138
間接民主制　77, 88
議院内閣制　78-79
期待効用　74, 85
キャスティング・ヴォート　54, 73
拒否権プレーヤー　135
近接性モデル　58
空間立地論　146
繰り返しゲーム　17, 21, 30
経常収支比率　60, 128
ゲーム論　16-17
減員条例　121
建設計画　151
広域行政　17-19, 21-24, 28-30, 37-38, 42, 44, 55, 58-59, 63-64, 66-67, 72-74, 154, 157, 167-168
公債費負担比率　128
公職選挙法　79, 81, 140
コンパクト・シティ　157

サ行

財政力指数　37, 40, 60, 128
最低政党数連合　37
最適人口規模　26-29, 52, 133
在任特例　45, 69-70, 135-137, 140, 142, 148
三位一体の改革　24, 64, 151, 165
市郡制　156
自治基本条例　166
市民オンブズマン　147
市民協同　89
社会調査　89-90
Shapley-Shubik 指数　21
囚人のディレンマ　19-21
住民運動　94
住民参加制度　149
住民自治　86
住民投票　63, 78, 85-106, 113
住民発議　90-93, 102-103
首相公選制　79
条例定数　121, 125, 127, 132
昭和の大合併　15-16, 23, 50, 63, 74, 122, 127, 130, 132, 140, 157, 165, 168
新設合併　18, 32-33, 35-40, 44, 46-47, 51-54, 59-60, 72-73, 107, 110-111, 119, 137-138, 140
政策評価制度　90
政務調査費　136, 146-148
設置選挙　107, 109, 111, 140
ゼネコン汚職　115
選挙における空間理論　58, 118
専決処分　86
総合支所方式　32, 69
総与党化議会　133

タ行

代議制民主主義　122, 143
第2次臨時行政調査会　124
足し算型　30, 57
　——合併　29
　——合併交渉　29-30, 51, 57, 74
単記非移譲式投票（SNTV）　79, 80
団体自治　86
地域活性化補助金　161
地域協働　126

地域審議会　32, 45, 69, 161
チキン・ゲーム　19-20
地区割り　121, 125-128, 132-133, 137, 140-144, 148-149, 161
地方交付税　24, 64-65, 72, 105, 151, 165, 167-168
地方自治法　121-123
地方分権　24, 144
　——一括法　121
中心自治体　32-34, 36-39, 42-55, 57, 59-60, 72, 74, 110-112, 117-119, 140, 142
　——名　34
長－議会制　78
定員特例　69
定数特例　135, 137, 140
定住自立圏構想　167
統一地方選挙　81, 110, 125, 164-165
動員　163-164
投票義務感　113, 143
特例法　69
飛び地　40, 53, 65, 67
トリガー戦略　21
トレード・オフ　58

ナ行

ナッシュ均衡　19-20
二元代表制　78-79, 84
NIMBY（Not In My Back-Yard）施設　81, 87, 106
ネガティヴ・キャンペーン　92

ハ行

Banzaf指数　21

バーゲニング・パワー　54
引き算型　30, 57
　——合併　38, 136
　——合併交渉　30, 44, 49, 51, 57, 74, 154
被編入合併　18
費用対効果　146
不信任決議　86
分割政府　84
分庁方式　32, 118
平成の大合併　10-11, 16, 22-23, 26, 28, 36, 38-39, 42-44, 48, 50, 52, 59, 70, 73, 77-78, 84, 87-89, 94-95, 105, 109, 112-113, 125, 133, 135, 139-140, 142, 148, 151, 157, 160, 163, 165-168
編入合併　18-19, 32-33, 35-37, 44, 46, 66, 72, 110-111, 119, 132, 137-138, 140
法定上限数　121-123, 136-137
法定数　121-123, 125, 127

マ行

マンモス議会　136-137, 148
無投票　4, 109-111, 119
無風選挙　110, 114, 119
名望家　142

ヤ行

寄合・総代会　133

ラ行

ランダム効用理論　16
リコール　59, 85, 98, 101, 136
レファレンダム　101-102

執筆者紹介

河村　和徳（かわむら　かずのり）
1971年　静岡県生まれ
現職：東北大学大学院情報科学研究科准教授
最終学歴：慶應義塾大学大学院法学研究科博士課程単位取得退学，修士（法学，慶應義塾大学）。慶應義塾大学法学部専任講師（有期），金沢大学法学部助教授を経て現職。主要著書は，『現代日本の地方選挙と住民意識』（慶應義塾大学出版会，2008年）など。

（第1章共著者）
吉良　洋輔（きら　ようすけ）
1987年　鹿児島県生まれ
現在，東北大学大学院文学研究科前期博士課程在学中，学士（文学，東北大学）。

（第3章共著者）
福田　裕（ふくだ　ひろし）
1947年　石川県生まれ
現職：千代野建設株式会社代表取締役会長　白山商工会議所監事
最終学歴：金沢大学大学院法学研究科修了，修士（法学，金沢大学）
元松任市議会議員。

Political Attitudes, Local Elections and Municipals Mergers in Japan

市町村合併をめぐる政治意識と地方選挙

2010年9月30日第1版第1刷　印刷発行　Ⓒ

著　者	河村　和徳	
発行者	坂口　節子	
発行所	㈲　木鐸社（ぼくたくしゃ）	
印刷	アテネ社　製本　高地製本所	

著者との了解により検印省略

〒112-0002　東京都文京区小石川5-11-15-302
電話（03）3814-4195番　FAX（03）3814-4196番
振替 00100-5-126746　http://www.bokutakusha.com

（乱丁・落丁本はお取替致します）

ISBN978-4-8332-2436-9　C3031

公共経営論
田尾雅夫著
A5判・450頁・4500円（2010年）ISBN978-4-8332-2424-6
　近代が仮想した市民社会が目前にある。しかし成熟した豊かなその市民社会の前に大いなる陥穽が待ちうける。即ち少子高齢社会の到来である。膨らむ一方の需要に対して，少ない資源をどのように案分するか，それをどのように乗り越えるかは，全体社会として関わらざるを得ない大きな政策課題である。本書は公共セクターの組織をマネジメントするための方法を提示する。

行政サービスのディレンマ
M. Lipsky, Street-Level Bureaucracy, 1980
M. リプスキー著　田尾雅夫訳
A5判・352頁・3000円（1998年2刷）ISBN4-8332-0224-7
■ストリート・レベルの官僚制
　本書は街中の，地域住民のニーズと直接相対する官僚制＝教師・警官・弁護士・ソーシャルワーカー等の組織内外の行動の実態から，その制約要因や可能性を多角的に分析。本書により80年度ライト・ミルズ賞，81年度アメリカ政治学会カメラー賞を受ける。

行政サービスの組織と管理
田尾雅夫著
A5判・302頁・4000円（2010年6刷）ISBN4-8332-2145-4
■地方自治体における理論と実際
　本書は，「地方自治」という規範的概念を内実化するための方途として地方自治体の組織の変革可能性を議論したものである。即ち地方自治を機能させるための道具或いは装置としての自治体をどう運営するかということに実証的・理論的に取り組んだ。組織論の研究蓄積を駆使した試行調査の成果。日経図書文化賞受賞。

<関連書ご案内>

伊藤修一郎著
自治体発の政策革新
■景観条例から景観法へ

A5判300頁　定価本体3000円＋税　ISBN4-8332-2376-7 C3031

　本書は景観条例を題材として，自治体が現代社会の政策課題に取り組む主体として，その潜在力を発揮できるのは，どのような条件のもとでか。いかにして自治体発の政策革新が可能になるのか，を追究する。分析した自治体は全国に及び，理論整理と実証的積み重ねは、他に類をみない。

〔現代世界の市民社会・利益団体研究叢書別巻〕
R・ペッカネン，佐々田博教訳
日本における市民社会の二重構造

A5判272頁定価：本体3000円＋税　ISBN978-4-8332-2399-7 C3031

　日本の二重構造をもつ市民社会は，社会関係資本の創出と共同体の形成を通じて民主主義を支えるが，公共領域のあり方や政策決定に影響を与える大きな専門家団体を持たない。つまり日本の市民社会は，「政策提言なきメンバー」によって成り立っていることを日米の比較によって論証する。

金　宗郁著
地方分権時代の自治体官僚

A5判224頁定価：本体4000円＋税　ISBN978-4-8332-2413-0 C3031

　社会の多様化に伴う複雑な問題は，「地方分権時代」をもたらした。自治体間の政策競争が現実となりつつある今日，政策決定過程における官僚の行動が，どのように自治体の政策パフォーマンスに影響を与えているかについて，彼らの規範意識に焦点を当て社会学的新制度論の文化・認知的アプローチを取り入れ計量的に解明する。

平田彩子著
行政法の実施過程：環境規制の動態と理論

A5判224頁　定価：本体2800円＋税　ISBN978-4-8332-2422-2 C3032

　本書は，環境規制法の執行過程について，「法と経済学」の観点から，統一的・理論的に理解するための一般的枠組みを提供する。まず東京湾とそれを取り巻く自治体の実態を把握し，それを解明するのに相応しいアプローチとしてゲーム理論を採用する。

辻中豊（筑波大学）責任編集
現代市民社会叢書

各巻　A5判約250頁　本体3000円＋税前後

本叢書の特徴：
　21世紀も早や10年を経過し，科学と技術進歩により，世界が否応なく一体化しつつあるのを我々は日々の生活の中で，実感している。それに伴って国家と社会・個人およびその関係のあり方も変わりつつあるといえよう。本叢書は主として社会のあり方に焦点を当てるものである。2006年8月～2007年3月にわたって行われた日本で初めての市民社会組織全国調査（社会団体，自治会，ＮＰＯの3種類，約4万団体回収）は，従来の研究の不備を決定的に改善するものである。本叢書はこの貴重なデータに基づき，多様な側面を多角的に分析し，日本の市民社会を比較の視座において捉える。

（1）辻中豊・ロバート・ペッカネン・山本英弘
現代日本の自治会・町内会：
第一回全国調査にみる自治力・ネットワーク・ガバナンス

2009年10月刊

（2）辻中豊・森裕城編著
現代社会集団の政治機能：
利益団体と市民社会

2010年3月刊

（3）辻中豊・伊藤修一郎編著
ローカル・ガバナンス：
地方政府と市民社会

2010年3月刊

（4）辻中豊・坂本治也・山本英弘編著

2010年9月刊
現代日本の「NPO」政治

〔以下続刊〕
（5）小嶋華津子・辻中豊・伊藤修一郎
比較住民自治組織